**Wer den Pfennig nicht ehrt…
Plakate werben für das Sparen**

Wer den Pfennig nicht ehrt...
Plakate werben für das Sparen

Mit einer Einführung
von Frieder Mellinghoff
und einem Beitrag
von Friedrich Friedl

Verlag Hermann Schmidt Mainz

Verlag Hermann Schmidt, Mainz
© 1992 by
Deutscher Sparkassenverlag GmbH,
Stuttgart
Alle Rechte vorbehalten

Gestaltung:
Andreas Hemm und Petrus Snoek
von Typografie: Stulle, Stuttgart

Lektorat:
Ralph Kiss

Herstellung:
Manfred Seifried/Heinz Ries

Satz:
Layout-Setzerei Stulle, Stuttgart

Reproduktion:
O.R.T. Kirchner & Graser, Berlin

Druck:
Universitätsdruckerei
und Verlag Hermann Schmidt, Mainz

Buchbinderische Verarbeitung:
C. Fikentscher, Darmstadt

Papier (Inhalt):
Phoenix-Imperial naturweiß, 135 g/m^2,
der Fa. Scheufelen, Oberlenningen,
mit chlorfrei gebleichtem Zellstoff

Printed in Germany
ISBN 3-87439-241-4

Die Deutsche Bibliothek –
CIP-Einheitsaufnahme
Wer den Pfennig nicht ehrt… :
Plakate werben für das Sparen /
mit einer Einf. von Frieder Mellinghoff
und einem Beitr. von Friedrich Friedl. –
Stuttgart : Dt. Sparkassenverl., 1992
NE: Friedl, Friedrich [Hrsg.]

Die Erschließung und Dokumentation
der historischen Sparkassenplakate
im Archiv des Deutschen Sparkassenverlags besorgte Wendelin Renn.

Inhalt

7 Markt-Korrespondenz mit Sparkassenplakaten
Frieder Mellinghoff

15 Das Plakat – die Expansion eines Mediums im 20. Jahrhundert

39 Künstlerplakate für die Sparkassen
Friedrich Friedl

61 Die Geschichte des Sparkassenplakats

185 Auswahlbibliographie

187 Register

**Markt-Korrespondenz
mit Sparkassenplakaten**

MARKT-KORRESPONDENZ MIT SPARKASSENPLAKATEN

Ein dokumentarisches Werk über Plakate deutscher Sparkassen widmet sich einem reichhaltigen Abschnitt der Mediengeschichte – und nicht nur zur Unterhaltung. Neben der plakativen, ästhetischen Gestaltung rückt die inhaltliche Aussage ins Zentrum des Interesses. Wer Plakate auslotet, kann eine Fülle von Auskünften darüber erhalten, was Vergangenheit ausmacht und wie es zur Gegenwart gekommen ist. Plakate sind wertvolle Quellen für vielfältige kulturgeschichtliche Erkenntnisse. Sie enthalten in hohem Grad authentische Aussagen. Sie sind, wie Adorno sagt, die ihrer selbst unbewußte Geschichtsschreibung ihrer Epoche. Sie zu schützen und als Erkenntnisquelle zugänglich zu machen ist verdienstvoll.

Das Plakat basiert auf Grundeigenschaften, von denen ich nur drei nenne:
Es ist Ausdruck des menschlichen Willens,
es ist in Form und Inhalt unendlich variabel,
es ist von sehr einfacher Beschaffenheit.
Diese schlichten Charakteristika stehen in einem Gegensatz zur Reputation moderner High-Tech-Ausrüstungen. Aber ihre fundamentalen Eigenarten, die allen Menschen zu Gebote stehen, machen gerade ihre Stärke aus! Angesichts pompejanischer Graffiti mit politischen Wahlaufrufen und heutigen Werbekampagnen unserer Parteien fragt man sich: Kann der Ausgangspunkt, der politische Wille auch nach 2000 Jahren ein ähnlicher sein? Und gilt dies auch für das Marktgeschehen?

Der erste Impuls zur Entstehung eines Plakats geht vom Mitteilungswillen des Menschen aus, der seine Rolle im Zusammenspiel der gesellschaftlichen Kräfte wahrnehmen will. Dieser Ausdruckswille erhielt sogar im Recht auf freie Meinungsäußerung, wie es in demokratischen Verfassungen formuliert ist, seinen gesicherten Rechtsraum. Der Homo faber als kommunikatives und im weitesten Sinne politisches Wesen braucht sein Medium der Mitteilung! Dies also ist eine Konstante; was sich ändert, ist das Wie und das Was.

Natürlich vertritt das Plakat eine Stufe der Medienentwicklung: Nachdem man jahrhundertelang auf Schilder und Tafeln aus Holz oder Stein angewiesen war, hat die Schwarze Kunst der Drucker die Neuzeit eingeleitet. Die Papierherstellung nach arabischen Rezepten erlaubte seit dem 14. Jahrhundert »cedula«, d. h. Zettel, als neue Informationsträger in handlicher Form zu beschriften, sie zu verteilen oder an »öffentlichen Plätzen zu affichieren«.

Sowohl im Format wie in der Form der Ansprache hatte das Anschlagblatt viel Ähnlichkeit mit einem Brief, der den Analphabeten vorgelesen werden mußte. Das besorgte der Ausrufer der Gemeinde.

MARKT-KORRESPONDENZ MIT SPARKASSENPLAKATEN

In diesem Stadium der Entwicklung nannte man das Schriftstück niederdeutsch »Plakbrief« (Flachbrief). Alle Mitteilungen der Obrigkeit wurden also schon in früheren Jahrhunderten »audiovisuell« bekanntgemacht, um rechtsverbindlich zu werden. Folglich blieb das Plakat ein Medium zur Korrespondenz zwischen Obrigkeit und Öffentlichkeit. Und der plakative Vorstoß in Gegenrichtung blieb nicht aus.

Wer mit Bilddarstellungen seine Mitteilung bereicherte, wie das bei Gauklern, Schauspielern oder Ärzten à la Doktor Eisenbart vorkam, der machte gute Erfahrungen mit der schnellen, attraktiven Bildinformation, die sich in Windeseile herumsprach. Wäre es nicht so aufwendig gewesen, von alten Holzstöcken ordentliche Abzüge zu machen und so teuer, sie auch noch zu kolorieren, dann hätte diese Plakatform schon seit der Renaissance weite Verbreitung gefunden. Denn die Anziehungskraft des Bildes ist eine magische!

Erst die Drucker und Verleger um 1800 erzeugten mit ihrer Eigenwerbung für illustrierte Bücher einen nachrevolutionären Schub der werblichen Bildkommunikation. Von geschickten Zeichnern ließen sie Buchillustrationen in vergrößertem Maßstab auf den lithographischen Stein übertragen und Werbetexte hinzusetzen. Die einseitig bedruckten Abzüge davon hängten sie an ihren Ladentüren und Marktständen auf. Damit gaben sie eine Schauprobe vom Unterhaltungs- und Erlebniswert der Bilder, die in Verbindung mit erzählerischen Texten den spekulativen Geist enorm bewegten. Und diese emotionale Bewegung ergriff die frühbürgerliche Gesellschaft in einer Breite wie nie zuvor. Das Plakat im neuzeitlichen Sinne war entstanden. Dekorative Zeichner, Maler und Lithographen hatten ein weites Betätigungsfeld vor sich.

Das Erfinden und Gestalten werblicher Bilder wurde immer mehr zur Neigungssache. Die Wirkungskraft entsprechender Begabungen sog der anschwellende industrielle Markt schnell auf. Die eifrige Geschäftswelt vereinnahmte die vielen bunten, figürlichen Signale mit begleitenden Zierschriften. Man nannte sie wegen ihres Wiederholungseffekts »Reclame«. Walter von Zur Westen kommentierte 1903 den künstlerischen Anspruch der Geschäftswelt: »Die Dekoration der Schaufenster ist ein künstlerisches Problem geworden und wird nicht selten Künstlern übertragen. Vor allem gehören aber hierher zahlreiche Arbeiten der bildenden Kunst, die lediglich zu Reklamezwecken hergestellt werden. Auf dem Gebiete des Plakats wurde der Anfang gemacht...«

Gegen Ende des 19. Jahrhunderts wurden die Grenzen zwischen den Meistern akademischer oder handwerklicher Kunstfertigkeiten immer fließender. Adolf Menzel verdiente sein erstes Geld sozusagen als Druckformenhersteller, als Graveur von Abbildungsdruckstöcken, als

MARKT-KORRESPONDENZ MIT SPARKASSENPLAKATEN

Xylograph. Der Engländer John Hassall wandelte sich vom erfolgreichen akademischen Landschaftsmaler in Amerika zum humorvollen Plakatmaler in London. Und wer denkt schon daran, daß Marc Chagall leidvoll als Lehrling bei einem Schildermaler in St. Petersburg anfangen mußte, um in dieser Kulturstadt überhaupt den Einstieg in eine Ausbildung als Gestalter zu erreichen. Nicht zu vergessen die Brüsseler Werbeagentur des Malers René Magritte, die er allerdings aufgab, weil zu wenige Auftraggeber seine künstlerische Herausforderung annahmen.

Ein interessanter Vertreter dieser neigungsbetonten Generation des Übergangs war Ludwig Hohlwein (1874 – 1949), weil er als ausgebildeter Architekt besonders mit Innenarchitekturen erfolgreich war. Dennoch wurde er als Maler von Plakaten durch viele Aufträge dermaßen gefordert, daß er kaum noch Zeit zu Architekturentwürfen fand. Der persönliche Malstil seiner Plakate war unverkennbar und sein Geschick, die Motive zu reduzieren ohne zu amputieren, machte ihn zum Reklamefürsten. Von seiner Ausbildung brachte er einen grundlegenden Sinn für Gestaltung des öffentlichen Raumes mit. Die Architektur erfordert eine Verbindung aus ästhetischer Gestaltung und technisch sachlichen Vorgaben. Aus dieser Disziplin entwickelte sich nach dem Historismus ein Bewußtsein für die innere Abhängigkeit von Form und Funktion, die ein Gestalter wie Peter Behrens mit größerer Strenge beherzigte.

Die örtlichen Schulen für Kunsthandwerk modernisierten entsprechend ihre Lehrprogramme, und es kam zu Neugründungen, die manchen Behelf von Abendkursen ablösten. Es entstand ein neues Berufsbild des »Reklamefachmanns« und des »Gebrauchsgraphikers«, dessen Einblick in Markt und Gesellschaft, dessen reiche empirische Erfahrung ihn zum geachteten Partner und Berater der Unternehmen machte. Er erkannte seine Aufgaben um so präziser, je weiter die bildende Kunst von einer reinen Spiegelung des Sichtbaren Abstand gewann, je mehr Kunst zum Ausdruck emanzipatorischer, persönlicher Freiheit wurde wie etwa in der revolutionären Phase des deutschen Expressionismus. Das Plakatwerk Ludwig Hohlweins verweist denn auch auf die tragischen Folgen einer unreflektierten, allzu leichtgläubigen Dienstbarkeit im Dritten Reich.

Systematisches Vorgehen auf den Ebenen von Inhalt und Form wurde unvermeidlich. Die Organisation von Produktion zog die Methode der Vermarktung nach sich und zügelte überschwengliche Bildphantasien, die in den Konstruktivismus einmündeten. Mit dem Ende des Ersten Weltkriegs hatten sich die Themen von öffentlichem Interesse sprunghaft vermehrt. Die politische Neuorientierung und die wirtschaftliche Existenzsicherung wurde zum erheblichen Teil auf der

Straße konfliktuell ausgetragen. In den beiden Fixpunkten des Wirtschaftens, Produkt und Dienstleistung, verzweigten sich zwei unterschiedliche Themen der werblichen Ansprache.

Die Marke bezog sich auf das gegenständliche Produkt, während der abstraktere Inhalt von Dienstleistungen ganz andere, dynamisch kommunikative Maßnahmen erforderte. Während die Marken eine eigene Autorität gegenüber dem Konsumenten entwickelten, mußten Dienstleister wie Sparkassen sich wandelnden gesellschaftlichen und wirtschaftlichen Gegebenheiten anpassen und einen permanenten Dialog mit ihrer Kundschaft führen, der bis heute andauert.

Angeleitet durch die offensichtlichen Erfolge von Markenstrategien, Produkte im öffentlichen Bewußtsein zu verankern, haben Werbefachleute auch für die Sparkassen eine Wiedererkennungsform entwickelt. Dazu diente die Spardose, die sich aus Plakatmotiven heraus schrittweise zu dem bekannten Sparkassen-S wandelte. Der Symbolgegenstand wurde aus der figürlichen Bildsprache heraus- und an die Wortsprache herangeführt. So entstand neben der lebendigen Plakatkommunikation ein gefestigtes optisches Element, das sich an der Markenphilosophie orientierte. Es wurde eines der frühen kommerziellen Piktogramme zwischen Schrift und Bild, in dem eine Botschaft komprimiert dargestellt ist.

Danach konnten sich die Sparkassen auf zwei visuellen Ebenen gleichzeitig bemerkbar machen: konstant durch das abstrakte Zeichen und variabel durch illustrative Bilder. Diese Koppelung wird den Wahrnehmungsleistungen der Menschen gerecht, die oft alternativ abstrakte Signale oder naturalistische Figurationen registrieren. Dennoch wurde aus dem Sparkassen-S schrittweise ein institutionelles Hauszeichen, das heute zur Unterscheidung von Mitbewerbern und als Kristallisationspunkt einer Corporate Identity dient.

Jede visuelle Mitteilung ist ein sinnlicher Vorgang, dessen Intensität von der Gestaltungsleistung abhängt. Die kreative Arbeit erfordert auch eine Sensibilität für die anonyme Schar der Empfänger einer Botschaft. Doch kann man die ästhetische Wirkung eines optischen Impulses leicht überschätzen. Denn nach Jahrzehnten sachlicher Analysen von Zielen, Methoden und Wirkung werblicher Ansprache hat sich gezeigt, daß im Alltag quantitative Kriterien wichtiger sind als qualitative, daß das Bewußtsein oft weniger beteiligt ist als das Unterbewußtsein. Psychologie, Soziologie und spezielle Themensegmente des Marketing begannen nach 1945 die empirischen Verfahrensweisen der Plakatgestalter als theorielastige Hilfswissenschaften zu überlagern. Amerikanische Erkenntnisse zugunsten des geschäftlichen Erfolgs haben

MARKT-KORRESPONDENZ MIT SPARKASSENPLAKATEN

zur mechanistischen Instrumentalisierung des Plakats geführt. Das Plakat konnte mit seinem speziellen Leistungsprofil wie Öffentlichkeit, Verbreitung, Reichweite etc. eine Präsenz erfüllen, auch ohne einen reichhaltigen sinnlichen Erlebniswert zu entfalten. Die allmähliche stilistische Umstellung auf die Photographie brachte eine weitere Versachlichung des Ausdrucks, der nicht selten zum Banalen tendierte.

Halbfertigwaren an Bild- und Schriftmaterial konnte man inzwischen bei Zulieferern bestellen. Die Plakatgestaltung »für den Hausgebrauch« war nicht mehr aus einem Guß. Sie verflachte weitgehend zur Organisation von Produktionsmethoden. Das hatte mit Kunst so wenig zu tun, daß einige neugierige Künstler in den USA schon wieder nach der Eigenart dieser Banalitäten fragten. Sie prägten den Stil der Pop-art. Es kam hinzu, daß das Plakat sich den Markt mit immer mehr Mitbewerbern teilen mußte und daß es in koordinierte Werbekonzepte einbezogen wurde, in Konzepte, die einer sogenannten Werbelinie folgten.

In dieser Situation der emotionalen Verarmung begann der Sparkassenverlag »Langzeitplakate« herauszugeben, die in Schulen überregional der Wissensvermittlung und Themen wie der Verkehrssicherheit oder dem Weltspartag gewidmet waren. Mit diesen Plakatserien haben die Sparkassen thematisch aufklärend und informierend ein Programm aus der Vorkriegszeit wieder aufgenommen und der Schuljugend Lernmedien angeboten. Sie stammen von virtuosen Illustratoren, die sich als Vermittler wissenschaftlicher Stoffe zu erkennen geben, ohne aus ihrem hochgradigen Spezialistentum einen künstlerischen Anspruch im heutigen Sinne abzuleiten. – Mit den Plakateditionen für den Weltspartag und die Verkehrssicherheit von Kindern integrierte der Sparkassenverlag erneut eine reizvolle Bildqualität in sein Programm, die innovative Tendenzen aus der bildenden Kunst weitergab.

Die Autoren dieser Ausgaben stehen der sogenannten freien Kunst nahe und sehen es als Kulturleistung an, über Medien der »angewandten Kunst« zur Popularisierung zeitgenössischer Malerei und Zeichnung beizutragen. Sie haben Plakatbilder geschaffen, denen nicht der schnelle Reflex der Sinne genügt. Vielmehr sind ihre optischen Informationen subtiler, komplizierter in ihren Zusammenhängen. Sie erreichen breitere Felder unseres Bewußtseins und unserer Psyche. Sie erzeugen Stimmungen und damit einen tieferen Erinnerungswert. Es sind Plakate, die nicht unbedingt auf der Straße am effektivsten wirken. Sie können auf lange Zeit in Innenräumen ästhetische Sympathieträger sein und eine dauerhafte emotionale Verbindung zum Herausgeber und seiner Botschaft herstellen.

MARKT-KORRESPONDENZ MIT SPARKASSENPLAKATEN

Ihre Gestalter werden aber auch diesmal den Unterschied zwischen ihrer zweckgebundenen Auftragsarbeit als Graphiker und einer unabhängigen Atelierarbeit eines Malers oder Bildhauers bejahen. Michael Schirner hat einmal den Plakatgestalter mit einem Bildhauer verglichen, der sich im voraus ein Bild vom Ziel seiner Arbeit macht. Dann reduziert er seinen Marmorblock so lange, bis er die gewollte Form erreicht hat. Ebenso kann er sie als Tonbildhauer so lange aufbauen und ergänzen, bis er am Ziel ist. Selbst wenn man in Grundzügen solcher Verfahrensweisen Parallelen zur Entstehung eines plakativen Ausdrucks erkennt, wird der Plakatgestalter nicht ohne Stolz auf seine Rolle als Vermittler zwischen Unternehmen und Öffentlichkeit verweisen, eine Rolle, die bewußt aus der Introvertiertheit heraustritt, um einen gesellschaftlichen Nutzen zu entfalten. Dieses ihm eigene Gesetz des Handelns wird sich der Plakatgestalter niemals nehmen lassen.

Das Plakat –
die Expansion eines Mediums
im 20. Jahrhundert

DAS PLAKAT IM 20. JAHRHUNDERT

Die visuelle Kommunikation hat im zwanzigsten Jahrhundert eine ungeahnte Verbreitung, Quantität und Qualität gefunden.

War in der Zeit davor Gedrucktes eher ein Privileg von wenigen, wurde die gedruckte Botschaft sowohl im Bereich der Information als auch im Bereich der Warenkommunikation drastisch vervielfacht. Dies hatte oft eine Einbuße bei der künstlerischen und gestalterischen Ausformung mit sich gebracht, aber auch eine enorme Steigerung der Möglichkeiten auf diesem Aufgabengebiet.

Gleichzeitig mit dem lawinenhaften Ansteigen der Druck-Erzeugnisse hat in der bildenden Kunst ein tiefer inhaltlicher und formaler Wandel stattgefunden: Beide Entwicklungen hingen eng zusammen und bedingten sich. Ab Mitte des neunzehnten Jahrhunderts wurden akademisch eingefahrene Wege von immer mehr suchenden Künstlern verlassen. Analytische Formen der Naturdarstellung, Suche nach neuen Themen und Bildinhalten, Dominanz des autonomen Bildinhalts bestimmten neue Kunstrichtungen. Trotz der zunächst noch fehlenden Akzeptanz wurden sie relevanter Ausdruck des neuen Jahrhunderts.

Die Suche nach einem neuen Inhalt und einer neuen Bildsprache ist auch in der visuellen Kommunikation und in der Plakatentwicklung nachvollziehbar. Das Medium Plakat erlebte nicht nur eine große Verbreitung und Wertschätzung, sondern eine Expansion und Emanzipation der Möglichkeiten und Formen. Neben der freien Kunst gibt es in vielen Museen heute das Sammlungsgebiet Plakat. Zu den Werkverzeichnissen von Gemälden, Zeichnungen oder Graphik werden Verzeichnisse der Künstlerplakate erstellt, weil sie als wichtiger Teil des Gesamtwerks entdeckt und akzeptiert wurden. Das gleiche gilt für das Designerplakat.

Neue Kunstrichtungen als Ausdruck des neuen Jahrhunderts beeinflussen die Plakatgestaltung

Der Begriff *Künstlerplakat* steht hier im Gegensatz zum industriellen, anonymen Werbeplakat und zum Designerplakat, ohne damit stilistisch nur das künstlerisch-illustrative, gemalte oder nicht-photographische Plakat zu meinen. Denn der Kunstbegriff ist im zwanzigsten Jahrhundert durch die Bedeutung und Akzeptanz der neuen Medien beziehungsweise Techniken stark erweitert worden: So wurde seit den zwanziger Jahren die Photographie nicht nur als abbildendes, sondern als schöpferisches Medium erkannt und eingesetzt, ihre technische Aufbereitung zum Druck erleichtert.

Aber die Definition *Künstlerplakat* ist fließend. Viele (freie) Künstler sind auch Graphik-Designer oder auf einem anderen angewandten Gebiet tätig. Viele Gestalter sind erst nach langer Praxis im angewandten Bereich zu freien Künstlern geworden. Viele Graphik-Designer wiederum entwickeln ein Werk, das äußerst kreativ und künstlerisch ist. Bei manchen Gestaltern ist freies und angewandtes Werk nicht zu trennen, zumindest nicht sinnvoll. Das Künstlerplakat zeigt, daß diese möglichen Positionen eng zusammenhängen, sich gegenseitig bedingen oder befruchten. Eine Trennung kann nur einteilender, aber nicht wertender Art sein.

Die Entwicklung der Kunst und ihrer stilistischen Nuancen hatte großen Einfluß auf die Plakatentwicklung. Wollten Impressionismus und Expressionismus individuell, ausdrucksstark, subjektiv wirken, wollte der Konstruktivismus gerade das Gegenteil, nämlich die Versachlichung und Objektivierung von Inhalt und Form.

Eine Zäsur in der zaghaften Entwicklung des Plakats bildete um 1900 der Jugendstil. Obwohl angesehene Künstler gelegentlich sich dieses Mediums bedienten, waren die meisten Plakate anonyme Ergebnisse, die in den Druckereien mehr oder weniger liebevoll entworfen und produziert wurden, einzig um Informationen groß und schnell zu verbreiten oder der Warenkommunikation zu dienen. Es waren Anschläge, die erst durch den Faktor Zeit eine dokumentarische Dimension bekamen, die letztendlich die fehlende künstlerische Qualität ersetzte. Ein Sammelsurium von Schriften, meist auf Mittelachse gesetzt, stand im Kontext einer Abbildung. Diese war in volkstümlichem, unterhaltendem, karikierendem Stil gezeichnet oder religiös überhöht, aber selten von großer Qualität. Viele dieser Plakate erreichten hohe Auflagen, denn es war eine Zeit ohne neue Medien wie Radio oder Film, die zwar um 1900 schon erfunden waren, aber keine Verbreitung hatten. Die Jugendstil-Plakatkünstler schufen in ihren Arbeiten eine neue Text-Bild-Beziehung. Nichts war einfach austauschbar oder zufällig dazugestellt. Es war durchdachte Gestaltung von symbolhaften Darstellungen bis hin zu völliger Abstraktion.

Der Jugendstil als Zäsur für die Entwicklung des Künstlerplakates

Eine weiterführende wichtige Entwicklung, die in den frühen zwanziger Jahren begann, war der Konstruktivismus. Der Malstil wich einem Konzeptstil, Bild beziehungsweise Abbild gerieten zu elementaren Zeichen, die meist auch funktionale Zeichen waren. Diese neue Denk- und Arbeitsweise wurde zu der signifikanten Grundlage der visuellen Kommunikation (aber auch der Architektur) im zwanzigsten Jahrhundert. Bis heute bestimmen dieser Prozeß und die widerstreitenden Richtungen unsere gestaltete Umwelt. Zentren des Neuen waren Holland, Deutschland, die Sowjetunion und Polen. Es waren einzelne Gestalter und Schulen, die erste praktische Modelle erarbeiteten.

Dadaismus, Konstruktivismus und die neue Gestaltung

Der Dadaismus, eine Kunstrichtung gegen die Kunst und gegen die eingefahrenen Abläufe des gesamten Lebens, machte seit 1916

DAS PLAKAT IM 20. JAHRHUNDERT

mit großem Getöse auf sich aufmerksam. Eine Zeitlang existierten Dada und Konstruktivismus nebeneinander, und beide Stilrichtungen hatten enormen Einfluß auf die Gestaltung der Zeit. Dabei war Dada nicht konzeptionelles Vorgehen, sondern antikonzeptionelles Agieren. Trotz des großen Einflusses hatte der Dadaismus kaum Auswirkungen auf die Kommunikation für die Warenwelt, was durchaus im Sinne des Dadaismus war, denn der Spott über all die bourgeoisen Einrichtungen in der Welt war ja erklärtes Ziel. Erst heute, am Ende unseres Jahrhunderts, spürt man in bestimmten Bereichen der Werbung (z. B. für Mode, Design, Lifestyle) den Einfluß des Dadaismus.

1933 war ein einschneidendes und folgenschweres Jahr für alle Gebiete der Zivilisation: Absolutistische politische Mächte verhinderten eine organische Entwicklung der Kultur. In Deutschland wurde das »Bauhaus« geschlossen, die »neue Gestaltung« als bolschewistisch oder entartet diffamiert und verboten. Traditioneller Heimatstil, historisierende Verklärtheit und gladiatorische Heldentümelei sollten bis 1945 die visuelle Kommunikation und das Plakatschaffen bestimmen.

Der Bruch durch totalitäre politische Systeme

In der Sowjetunion wurden die fortschrittlichen Kräfte aus dem öffentlichen Leben ausgegrenzt. Als der sozialistischen Gesellschaft angemessen, wurde ein realistischer Stil propagiert, der ebenfalls vor allem auf historische Zeichen zurückgriff und kitschig verfremdete Abbilder schuf.

Wichtige Gestalter flohen aus diesen veränderten Umgebungen und konnten ihr Werk in anderen Ländern fortsetzen. Frankreich, England, Holland, die Schweiz und die USA waren die Länder, die der Moderne positiv gegenüberstanden, hier gab es Fortführungen und neue Anregungen.

Nach 1945 wurde das gesamte gebrauchsgraphische Schaffen internationalisierter. Die schnellen Kommunikationswege brachten Informationen an jeden Ort und ließen jedes Ereignis und jedes Ergebnis überall gegenwärtig werden. Dadurch wurden nationale Unterschiede seltener, die Stile angeglichener. 1945 war ein Neuanfang, aber eigentlich nur für Deutschland auch ein Bruch. Allerdings ein Bruch, der den Blick auf die Tradition der Moderne wieder herstellte, die Weiterentwicklung wiederaufnahm.

In der westlichen Welt stieg die Warenkommunikation und dadurch die Drucksachenflut kontinuierlich an. Durch zunehmende Freizeit wurde die Rezeption kultureller Ereignisse erleichtert, fast demokratisiert. Wie nie zuvor gab es eine große Anzahl Plakate, oder besser: *Poster*, die für Raumausschmückung hergestellt wurden. Spezielle graphische Stile, wie Spritztechnik, surreale Verfremdungen, kamen

DAS PLAKAT IM 20. JAHRHUNDERT

im Zuge von Pop-art und Kinetik auf den Markt. Die Suche nach Qualität führte zu unzähligen Wettbewerben, Ausstellungen und Buchpublikationen. 1966 wurde die erste internationale Plakatbiennale in Warschau veranstaltet, später kam Lahti in Finnland dazu. Das *Deutsche Plakat Museum Essen* wurde 1970 gegründet, 1973 der erste Wettbewerb zu einer Plakattriennale durchgeführt. Die Bücher aus Zürich, New York oder Tokio mit den jeweils besten Plakaten gehören zur Pflichtlektüre der Kreativen und Pädagogen.

Manches Mal entsteht der Eindruck, die Entwicklung des Plakats habe sich verselbständigt. »L'art pour l'art« oder »Plakat für den Plakatwettbewerb« könnte das bedeuten, denn außer in diesen Wettbewerben oder im Postershop sind diese Arbeiten nicht zu sehen. In der Stadtlandschaft ist die Plakatqualität wie immer eher schlecht. Viele der prämierten Plakate würden ein Kommunikationsziel nie erfüllen. Aber auch hier zeigt sich, daß Allgemeinverständlichkeit meist zu banalen Ergebnissen führt und nicht das höchste Ziel sein kann.

Im ganzen gesehen sind seit den siebziger Jahren viele gute Plakate weltweit entworfen worden. Die Kommunikationsart, die Motive, Kompositionen, Gestaltmittel und die Techniken waren überraschend, die entstandene Innovation ein wichtiger Teil der Gesamtkultur. Es ist zu hoffen, daß dies so bleibt.

Vereinfachend kann man die Plakatentwicklung in folgende zeitlichen Abschnitte einteilen:

1. 1900–1918: Ausklingen des Jugendstils und Annäherung an eine stark entwickelte visuelle Kommunikation.
2. 1918–1933: Erarbeitung der Moderne: Abstraktion, Bauhaus, Konstruktivismus.
3. 1933–1945: Autoritäre politische Einflußnahme. Neuorientierung im Exil, Weiterentwicklung der Moderne.
4. 1945–1960: Schweizer Typographie, internationaler Stil, amerikanischer Werbestil.
5. 1960–1980: Pop-art, Wertschätzung des Plakats als Teil der Kunst, Ausbeutung der Photomontage.
6. 1980 BIS HEUTE: Neue Techniken, neue Medien. Aufweichen dogmatischer Stile, Dekonstruktivismus.

Die Entwicklung des Plakats seit der Jahrhundertwende

In diesen Zeitteilen wurden Höhepunkte erreicht, neue Anregungen lösten alte Formen ab. Ergänzt werden kann die Zeiteinteilung durch eine Sicht auf die Zentren, die für die jeweilige Phase wichtig waren:

1. England, Frankreich, Österreich, Deutschland.
2. UdSSR, Holland, Frankreich, Deutschland.
3. Schweiz, USA, Frankreich.
4. USA, Schweiz, Holland, Polen, Frankreich.
5. Japan, USA, Deutschland, Holland, Polen.
6. Holland, Japan, Deutschland, England.

Das Plakat spiegelt die Zivilisation, die technische und ästhetische Entwicklung der Regionen wider und kann dadurch subtile Aussagen zur Geschichte, vor allem zur Geschichte des Alltags, geben.
Der weitaus größte Teil der uns umgebenden Plakate hat keinerlei künstlerische Qualität oder gestalterische Relevanz. Dies ist bei Kulturplakaten genauso wie bei Wirtschafts- oder Konsumplakaten. Die Darstellung der Entwicklung des Plakats in einigen Ländern soll die wichtigen Zusammenhänge aufzeigen und die relevanten Gestalter nennen.

Frankreich

Wie in den Bereichen der bildenden Künste war Frankreich führend bei der Entwicklung der angewandten Kunst und dem Plakatschaffen. In Paris, der früheren »Hauptstadt der Künste«, wirkte im 19. Jahrhundert Jules Chéret, der über 1000 Plakate mit impressionistischen Frauendarstellungen schuf für Auftraggeber wie die Folies-Bergère, Moulin-Rouge, für Zigaretten, Fahrräder, für Bälle und ähnliche Veranstaltungen. Seine Arbeit wurde Vorbild für die gesamte nachfolgende Entwicklung des Plakats.

Jules Chéret, 1885

Andere Pioniere waren Eugène Grasset und Henri de Toulouse-Lautrec, der wohl die heute bekanntesten Motive gestaltet hat. Inspiriert von japanischen Holzschnitten, die damals in Frankreich sehr angesehen und verbreitet waren, entwarf er viele Plakate für die berühmten Schauspieler und Sänger des Montmartre. Die Arbeiten von Alphonse Mucha verkörperten die opulente Form des Jugendstils im Plakatschaffen. Leonetto Cappiello schuf ein Œuvre von 3000 Plakaten. Seine Arbeiten für Konsumartikel waren in einem vereinfachten, klaren, aus dem Inhalt abgeleiteten Stil entworfen.

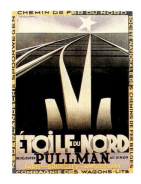

A.M. Cassandre, 1927

Nach 1918 veränderten sich Stil und Inhalt der Plakate. Impressionistische Motive wurden seltener. Im Zuge stärkerer Wirtschaftswerbung und neuer konstruktiver, konzeptioneller Tendenzen gab es eine Entwicklung weg vom künstlerisch-illustrativen Plakat hin zum gebrauchsgraphisch-werblichen Plakat. Die Vertreter des neuen Stils waren Jean Carlu, Paul Colin, Charles Loupot und vor allem Adolphe Mouron (= A.M.) Cassandre. Er betrachtete das Plakat nicht mehr als künstlerischen Selbstzweck, sondern als Kommunikationsmedium zwischen Sender und Empfänger. In flächigem, konstruktivem Stil baute er seine Motive der Architektur vergleichbar. Schrift war für ihn wesentlich wichtiger als früheren Plakatkünstlern. Meist waren die Wörter in klaren, gut lesbaren Schriften gesetzt oder gezeichnet. Seine berühmtesten Arbeiten sind die Reiseplakate mit stark perspektivischen Darstellungen. Früh setzte er die Photomontage ein.

In den Jahren nach 1945 gab es in Frankreich eine erneute Blüte des Warenplakats, dessen Vertreter u. a. Raymond Savignac, André François und Roger Excoffon waren. Mit illustrativem Charme und exakter werblicher Zielsetzung schufen sie unbeschwerte Bilder, die wirkungsvoll und international erfolgreich waren.

Im französischen Plakat waren stärker als in anderen Ländern die direkten Einwirkungen des jeweils herrschenden Kunststils zu spüren. Das führte in den fünfziger Jahren zu einer Blüte des Künstlerplakats, entworfen von Malern wie Pablo Picasso, Henri Matisse, Georges Braque, Marc Chagall und George Mathieu.

Die Entwicklung der modernen visuellen Kommunikation weg von der Kunst führte einerseits zu bemerkenswerten individuellen Plakatgruppen (wie bei Jean Michel Folon und Roland Topor) und andererseits zu wichtigen Design- und Agenturplakaten (wie bei Jean Widmer, Gérard Ivert oder dem Studio »Mafia«).

Frankreich, 1968

Ein unbestreitbarer, wenn auch nicht allseits geliebter Höhepunkt des Plakatschaffens in Frankreich waren die Anschläge, die die sozialen Unruhen des Pariser Mai 1968 begleiteten. Oft im Kollektiv über Nacht entworfen, wurden sie auf billigen Materialien im Siebdruck gefertigt, um »die Phantasie an die Macht« zu bringen. In diesen wenigen Wochen wurde durch das Plakat eine große kreative Energie sichtbar, die starken Einfluß auf die nachfolgende Entwicklung der visuellen Kommunikation hatte.

Aus dieser Bewegung kamen die Plakate der Gruppe »Grapus«, die, international anerkannt, für politische Gruppen und Produktkommunikation gestaltete. Der Stil von »Grapus« verbindet skripturale Improvisation mit Agit-Prop-Anleihen und beißendem Spott. Es war die einflußreichste Gruppe der Plakatszene in Frankreich.

Daneben ist Alain le Quernec einer der wenigen signifikanten Plakatgestalter in der Gegenwart. Denn ähnlich wie in der bildenden Kunst gingen in den vergangenen Jahren keine anregenden Impulse von der französischen Gebrauchsgraphik aus.

England

Durch die frühe industrielle Entwicklung und den ausgeprägten kolonialen Handel war England um 1900 eine wirtschaftliche Macht, in der die visuellen Künste angesehen und verbreitet waren. Die Qualität der in den Stadtlandschaften zahlreich vertretenen Plakate war meist schlecht, die verkaufsfördernde Wirkung trotzdem groß. Dieser Widerspruch regte viele Versuche für bessere Modelle an. Schon William Morris wollte, vor allem auf dem Gebiet des Buches, diesen Qualitätsverlust beheben.

William Nicholson und James Pryde schlossen sich zu der Gruppe »The Beggarstaff Brothers« zusammen und entwarfen Plakate mit großflächigen Motiven in bester Komposition und Visualisierung, aber auch mit großer Resonanz. Weitere wichtige Plakatkünstler dieser Zeit waren Charles Rennie Mackintosh (der auch in anderen Entwurfsbereichen tätig war) und der wegen seiner Illustrationsmotive umstrittene Aubrey Beardsley.

Edward McKnight Kauffer, 1929

In den zwanziger Jahren war Edward McKnight Kauffer der interessanteste Plakatgestalter in England. Seine ersten Arbeiten sind abgeleitet von der englischen Form des Kubismus, dem Vortizismus.

DAS PLAKAT IM 20. JAHRHUNDERT: ENGLAND

Mit Auswahl und Anordnung der Schrift kam er der europäischen Avantgarde am nächsten: Blocksatz aus Grotesk-Versalschrift in asymmetrischer oder diagonaler Anordnung. Oft verband er gezeichnete und photographische Abbildungen. Ein bedeutender Beitrag im englischen Plakatschaffen waren seine Tourismusplakate für Eisenbahngesellschaften, die auf eindrucksvolle Weise die hohe Zeit der Eisenbahnentwicklung verewigten. Ein anderer interessanter Auftragsbereich für Plakate stammt von der Firma Shell, für die alle bedeutenden Gestalter, aber auch freie Künstler wie Paul Nash und Graham Sutherland entwarfen.

Nach dem Zweiten Weltkrieg änderte sich die Situation in England. Die neuen führenden Graphiker waren Ashley Havinden, Tom Eckersley, Abram Games, F. H. K. Henrion und Hans Schleger. Da das Werbeschaffen und die Buchproduktion enorm zunahmen, entstanden zahlreiche neue Agenturen und Studios, die allerdings nicht immer die Qualität von Crosby, Fletcher, Forbes und Gill (heute Pentagram) erreichten.

8vo, 1990

Die in den sechziger Jahren von England ausgehende Jugendrevolte brachte tiefgreifende Neuerungen in Mode, Film und Musik, aber auch in den graphischen Künsten. Das Plattencover als Plakat für Schallplatten und Konzerte, erlebte gestalterische Höhepunkte. *Swinging London* wurde zum Inbegriff der internationalen neuen Kultur. Neben psychedelischen Illustrationen von Alan Aldridge, Michael English und Martin Sharp, die alle starke Verwandschaft zu Formen des Jugendstils hatten, waren die außergewöhnlichen Photomontagen des Studios »Hypgnosis« richtungweisend weit über das Medium Musik hinaus. Es war eine neue Seh- und Arbeitsweise, die zitierend, symbolisierend und persiflierend war, und die viele Anregungen für die Postmoderne der achtziger Jahre vorgab.

Nachdem die siebziger Jahre ohne gestalterische Höhepunkte verliefen, ging seit Anfang der achtziger Jahre eine neue Welle der Typographie von England aus. Mit der Zeitschrift »i-d«, die Terry Jones gestaltete, und der Zeitschrift »The Face«, wo Neville Brody wirkte, waren zwei Experimentierfelder entstanden, die für die junge Generation international zu Identifikationsfaktoren wurden, in denen neue technische und ästhetische Möglichkeiten praktiziert und akzeptiert wurden.

Auch für das Plakat in England war diese Entwicklung Beginn einer neuen Wertschätzung. Jones, Brody, die Studios »8vo« und »Why not Associates« schufen Werke, die im Stil sehr unterschiedliche Arbeitsauffassungen zeigten. »8vo« trug wesentlich dazu bei, daß die

Vaughan Oliver, 1990

Gedanken von de Stijl und Bauhaus erstmals in England praktisch und in aktualisierter Form zur Wirkung kamen. In jüngster Zeit hat Vaughan Oliver ein großes Plakatwerk mit stark surrealen Inhalten geschaffen, das wieder aus dem Bereich der Popmusik kommt.

Obwohl das Medium Plakat in England nie eine so große Rolle spielte wie in Frankreich oder der Schweiz, keine großen Avantgarde-Bewegungen wie de Stijl oder Bauhaus von der Insel ausgingen, gehören einzelne Plakatkünstler zu den besten des Jahrhunderts. Immer wieder, und gerade in neuer Zeit, sind wichtige Anregungen für die internationale Gestaltungsszene von England ausgegangen.

Holland

Angeregt durch die Pioniere der de Stijl-Gruppe entstand in Holland eine breite Bewegung neuer angewandter Gestaltung. Piet Zwart, Paul Schuitema, Gerard Kiljan und Cesar Domela Nieuwenhuis (der auch viel in Deutschland arbeitete) entwarfen mit einem sehr viel reichhaltigeren Repertoire als die reduzierenden deutschen oder Schweizer Gestalter: Verschiedene Winkel bei der Schriftzeilenanordnung, Text- und Buchstabenmontagen in abenteuerlichen Kompositionen und Zuordnung zu Photos, zahlreiche Schriftschnitte aus dem Groteskbereich (schmalfett, breitfett etc.), serifenbetonte Schriften mit Schreibschrift, auch im Rundsatz, kennzeichnen diesen undogmatischen, offenen Stil. Die Verbindung von Typographie und Photographie zu einer Einheit in Typophoto charakterisieren die Verbindung zu der von Laszlo Moholy-Nagy propagierten Arbeitsweise, die eine internationale wurde.

Piet Zwart, 1928

Es ist bis heute überraschend, daß diese radikale Annäherung an visuelle Kommunikation sich in Holland nicht im Atelierexperiment für die Schublade genügen mußte, sondern viele staatliche und private Auftraggeber die mutigen und frischen Formen akzeptierten: Briefmarken, Anzeigen, Zeitschriften, Kataloge, Verpackungen und Plakate ergaben eine breite holländische Identität neuer Gestaltung. Zuflucht in diesem liberalen und anregenden Land fand auch Friedrich Vordemberge-Gildewart, ein Mitglied des 1927 gegründeten »Ring neuer Werbegestalter« und ab 1954 Dozent für visuelle Kommunikation an der neugegründeten Hochschule für Gestaltung in Ulm. Er fand (zeitweise im Verborgenen leben müssend) einen stilistischen Übergang der dreißiger in die fünfziger Jahre in der Typographie und in der freien Kunst. Daß Leben und Entwerfen in dieser Zeit gefährlich waren, zeigt das Schicksal von Hendrik Nicolaas Werkman, einem visionären Gestalter-Drucker-Poeten. Mit spielerischem Ernst erprobte er in seinen »drucksels« die Freiheiten des typographischen Materials bis hin zu Flugschriften, für die er 1945 von der Gestapo ermordet wurde.

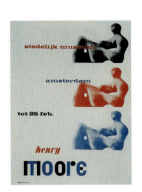

Willem Sandberg, 1950

Wim Crouwel, 1971

Studio Dumbar, 1985

Auch nach 1945 konnten der fortschrittliche Gestaltungsanspruch und seine öffentliche Akzeptanz in Holland fortgesetzt werden. Willem Sandberg, Dick Elffers, Otto Treumann und Wim Brusse waren die wichtigen Gestalter der nächsten Generation vor 1960. Sandberg war als Leiter des Stedelijk-Museum Amsterdam einflußreich als Ausstellungsmacher und als graphischer Entwerfer. Die bizarren Plakate für sein Museum standen in krassem Gegensatz zum Schweizer Plakat. Sie waren im besten Sinne experimentell, so wie sein Eintreten für die neuen Künste. Seine Wirkung auf die nachfolgenden Generationen ist so hoch einzuschätzen, wie die Wirkung Piet Zwarts auf die gesamte holländische Szene.

Treumann vertrat neben symbolhaften, reduzierten Formen eine surreale Sicht der Dinge, ähnlich wie sie in dieser Übergangszeit in einigen Ländern entstand. Wim Brusse und Dick Elffers arbeiteten in einem farbenfrohen, illustrativen und gemalten Stil, der an Lithographie, Holzschnitt und Collage erinnert.

In dieser Zeit gab es kaum funktionale Typographie in Holland. Erst durch die jungen Gestalter Pieter Brattinga und Wim Crouwel kam der internationale konzeptionelle Stil in Holland zu Wirkung und Ansehen. Mit einem ganzheitlichen Designbegriff arbeitet Brattinga für Industrie, Kunst und Pädagogik. Er hat eine der international wichtigsten Design-Galerien und schrieb Bücher über Entwicklung und Probleme des Design. Wim Crouwel gründete 1963 mit anderen seine einflußreiche Agentur »Total Design«. Hier entstanden Signets, Erscheinungsbilder und Leitsysteme, die dem holländischen Design internationalen Einfluß brachten. Seine Plakate erhielten viele Auszeichnungen. Unter seiner Leitung blieb »Total Design« nicht, einmal festgelegt, hinter der allgemeinen stilistischen Entwicklung stehen, sondern ist bis heute, unter anderer Leitung (Crouwel leitet ein Museum in Rotterdam), eine kreative Agentur geblieben.

Von Holland ging ab dem Ende der siebziger Jahre wieder ein unglaublicher Drang hin zu neuen graphischen Formen aus. Schrittmacher war (und ist) Gert Dumbar, der, in Den Haag und London ausgebildet, 1977 das »Studio Dumbar« gründete. Mit Humor, Spontaneität und Rationalität entwickelte er eine Alternative zu reiner Funktionalität. Gerade im Plakatbereich entstanden außergewöhnliche Motive, die in einer Zeit des schnellen Verbrauchs der Zeichen schon zu Klassikern geworden sind.

Neben vielen kleinen und großen Studios sind die Arbeiten von »Hard Werken« und »Form Vijf« zu Symbolen neuer Qualität im holländischen Design der Gegenwart geworden.

Schweiz

Herbert Matter, 1935

Max Bill, 1949

Ohne Eruptionen verlief die Entwicklung des Plakats in der Schweiz bis 1930. Symbolische Darstellungen im Malerstil zeigten Bilder aus der Geschichte des Landes. Die herausragenden Entwerfer neben dem großen Ferdinand Hodler waren Burkhard Mangold, Emil Cardinaux, Augusto Giacometti und Otto Morach. In den zwanziger Jahren wurden die Formen der Plakate sachlicher, der Malerstil zurückgedrängt. Zu den neuen Gestaltern gehörten Ernst Keller, Niklaus Stöcklin, Herbert Matter, Walter Herdeg und Theo Ballmer.

Die Zeit zwischen 1933 und 1945 wurde für die Schweiz eine äußerst kreative Phase in der Gestaltung, die folgenreich für den Verlauf der gesamten Entwicklung der visuellen Kommunikation werden sollte. Beeinflußt vom Bauhaus, wo er einige Zeit studierte, wurde Max Bill in Zürich zu einem einflußreichen und vorwärtsstrebenden Gestalter auf vielen Gebieten. Ursprünglich Silberschmied, arbeitete er als Architekt, Designer, Typograph und freier Künstler. Es entstand ein Kreis, der die Prinzipien des rationalen Gestaltens fortführte. Bill gründete mit Richard P. Lohse, Verena Loewensberg und Camille Graeser eine angesehene Künstlergruppe, die die *Konkrete Kunst* propagierte. Hans Arp, Fritz Glarner, Hans Hinterreiter, Max Huber, Johannes Itten, Leo Leuppi, Otto Nebel und Sophie Taeuber-Arp waren Mitstreiter gegen eine auch in der Schweiz starke reaktionäre Gruppe, die moderne Kunst bekämpfte.

Oft aus ökonomischen Gründen begannen die Künstler mit der Arbeit an gebrauchsgraphischen Aufträgen. Bill, Lohse, Huber, Carlo Vivarelli entwarfen Drucksachen und Plakate von elementarer Schönheit und handwerklicher Klarheit. Schrift wurde immer weniger gemalt, sondern aus dem Setzkasten verwendet. Es gab seltener Blocksatz oder Mittelachse, die Texte immer nur formalisieren, sondern linksbündigen Flattersatz oder asymmetrische Textanordnungen. Die Schriftart war bevorzugt serifenlose Linear-Antiqua in Groß- und Kleinschreibung, oder nur klein gesetzt. Dazu kam die seit den zwanziger Jahren verstärkt eingesetzte Diagonale bei Texten und Bildern. Die klassische Schriftauswahl wurde eine große, halbfette Akzidenz-Grotesk in Kombination mit dem kleineren, mageren Schriftgrad für den Fließtext.

Auch in dieser zweiten Phase des Funktionalismus wurden signethafte graphische Formen und Flächen als Bildelemente eingesetzt und selten expressiv-illustrative Abbildungen. Die Photographie wurde zum vielfach verwendeten Stilmittel wegen ihrer klaren Inhalte und Aussage.

Zu Beginn seines Exils in der Schweiz war auch Jan Tschichold, der Propagandist und Praktiker der neuen Typographie, Mitstreiter der

Mary Vieira, 1954

GGK, 1965

Celestino Piatti, 1965

Gruppe zeitgemäßer Gestalter in der Schweiz. Aber seit 1940 wurde er unter dem Einfluß der englischen Entwicklung um Stanley Morison immer klassischer in seiner Arbeit und immer schroffer in der Ablehnung des jetzt erfolgreichen »Schweizer Stils«.

Immer deutlicher wird, wie wichtig der konzeptionelle und stilistische Einfluß eines damals jungen Gestalters auf die Schweizer Szene war. Im Jahre 1929 ging Anton Stankowski, ausgebildet bei Max Burchartz in Essen, nach Zürich in die Agentur Max Dalang, wo er bis 1936 blieb. Richard P. Lohse, der immer um Objektivität und Wahrheit bemühte Gestalter, vertrat in den siebziger Jahren vehement die Meinung, daß der »Schweizer Stil« mit der strengen Grotesk-Typographie vor allem durch Stankowskis Arbeit in der Schweiz Vorbild wurde und internationale Qualität erreichte.

Ohne Bruch durch die politischen Entwicklungen, sondern eher bestärkt in ihren Prinzipien, entwickelte sich die sachliche und funktionale Gestaltung in der Schweiz auch nach 1945 weiter. Zu den unermüdlichen aktiven Hauptvertretern kamen Mary Vieira, Siegfried Odermatt, Gottfried Honegger und Gottfried Soland. Als Pädagogen, Autoren und Entwerfer übten Emil Ruder, Armin Hofmann und Josef Müller-Brockmann größten intellektuellen und stilistischen Einfluß auf die Schweiz und auf die gesamte Entwicklung aus.

Eine neue konzeptionelle Qualität, die weit über die Schweiz hinaus wirkte, ging von Karl Gerstner aus, der 1959 zunächst mit Markus Kutter ein erfolgreiches Studio, und ab 1961 zusätzlich mit Paul Gredinger die Agentur GGK betrieb. Hier entstanden umfangreiche Modelle visueller Kommunikation, die, aus der funktionalen Gestaltung kommend, für die Werbung international Anregungen gaben.

Neben dem sachlichen Stil vertraten Herbert Leupin, Celestino Piatti, Donald Brun, Hans Erni und Hans Falk mit individuellen künstlerischen Werkgruppen das illustrative Plakat in der Schweiz. Auch sie genossen internationales Ansehen. Schon in den dreißiger und vierziger Jahren schufen Niklaus Stöcklin, Otto Baumberger, Fritz Bühler und Peter Birkhäuser angesehene illustrative, oft photorealistische Plakate. Auch Dieter Rot, Jean Tinguely und Bernhard Luginbühl gestalteten mit fast anarchistischer illustrativer Kraft Plakate, die große Einflüsse auf die weitere Entwicklung des Schweizer und internationalen Plakats hatten.

In den siebziger Jahren war das gestalterische Werk von Wolfgang Weingart ein zunächst umstrittener Beitrag zur Weiterentwicklung der Schweizer Typographie und Graphik. Seit 1968 unterrichtet er das Fach

Wolfgang Weingart, 1982

Typographie an der Schule für Gestaltung in Basel, und die Bewegungen der letzten Jahre zeigen, daß sein experimenteller Mut weitsichtig und daß er für die Gestalter der achtziger Jahre wichtiges Vorbild blieb.

Bis weit in die sechziger Jahre hinein war das Schweizer Plakat von größtem internationalem Ansehen begleitet. Dabei war ein interessanter Umstand die Wechselwirkung von elementarem Typographie-Handwerk und elementarer konkreter Kunst. Auch in der Schweiz entwickelte man sich weg von den strengen Vorbildern, ohne eine neue Qualität zu erreichen. Einzelne Plakatgestalter, wie K. Domenic Geissbühler, Niklaus Troxler oder Paul Brühwiler, haben ein qualitativ gutes Werk erarbeitet. Allein Siegfried Odermatt und Rosmarie Tissi, die ein gemeinsames Büro betreiben, sind dem elementaren Schweizer Stil treu geblieben und haben ihn kreativ weiterentwickelt. Häufiger mit der Futura als mit Helvetica oder Akzidenz-Grotesk gestaltet, sind ihre Visualisierungen und Kompositionen ein außergewöhnliches Werk und ein Bindeglied zu der sich seit Mitte der achtziger Jahre überall abzeichnenden neuen Internationale der funktionalen Typographie.

Sowjetunion

Die Entwicklung der Künste in Rußland war seit der ersten gescheiterten Revolution von 1905 getragen von einem avantgardistischen, vorwärtsstrebenden Geist. Es entstanden Werke von großer Kühnheit und Weitsicht, die den Drang nach Veränderung auch im gesellschaftlichen Bereich spüren ließen.

Nach dem Sieg der kommunistischen Revolution 1917 wurde das Medium Plakat zu einem wichtigen Informations- und Agitationsfaktor. Die Künstler des naturalistisch-illustrativen Stils, wie Dimitri Moor, Viktor Deni oder Wladimir Kozlinski, waren bei der Gestaltung ebenso vertreten wie die Künstler der Avantgarde. Zu ihnen gehörten Kasimir Malewitsch, El Lissitzki, Alexander Rodtschenko, Gustav Klucis und die Brüder Stenberg. Sie wollten, daß die neue Gesellschaft von einer neuen Gestaltung begleitet werden sollte. Diese Avantgarde, deren freie Kunst vom Staat nicht gefördert wurde, entwickelte für das Plakat, aber auch für das Buch, radikale neue Modelle. Abstrahierte und abstrakte Formen wurden zu inhaltlichen Aussagen verdichtet, die Photographie in dynamische Kompositionen montiert. Diagonale und Rundungen symbolisierten Dynamik, die Textzeilen waren klar und in die Darstellungen integriert. Das berühmteste Plakat dieser Zeit ist El Lissitzkis »Schlagt die Weißen mit einem roten Keil«, das für die weitere internationale Plakatentwicklung von größter Bedeutung war. Eine neue Form wurde für ein weiteres wichtiges Agitationsmedium,

El Lissitzki, 1920

den Film, entwickelt. Die Plakate dafür spiegeln die Dynamik der Montage, der Inszenierung wider, die den russischen Revolutionsfilm berühmt gemacht haben. Diese Entwürfe waren richtungweisend für die gesamte Entwicklung des Films bis in unsere Gegenwart.

Die von der einfachen Bevölkerung und von der regierenden Partei nicht verstandenen oder akzeptierten Ergebnisse der Gestaltung gerieten in den dreißiger Jahren in immer heftigere Diskussionen. Als verbindliche neue Gestaltungsform wurde der sozialistische Realismus verordnet, der eine idealisierte Arbeits- und Heldenwelt zeigen mußte. Die Phase der großen Entwicklung der Künste wurde durch den Krieg ab 1941, in den die Sowjetunion durch Deutschland gerissen wurde, endgültig beendet. Nie wieder danach fand die Sowjetunion zu den beflügelnden Formen zurück, weder in der Kultur, noch in der Politik.

Polen

Eine überraschende und eigenständige Entwicklung nahm das Plakatschaffen nach dem Zweiten Weltkrieg in Polen. War in den zwanziger und dreißiger Jahren eine kraftvolle typographische Avantgarde bekannt und geschätzt, blieb das allgemeine polnische Plakatschaffen einem einfachen und traditionellen Formenkanon verbunden.

Um 1950, Polen war eine Volksrepublik geworden, war der herrschende künstlerische Stil der sozialistische Realismus, der eine individuelle, unbeschwerte Entwicklung oder gar Experimente bekämpfte. Das Plakat sollte das Kunstwerk der Massen sein, es sollte der politischen Agitation dienen. Siegende Helden, muskulöse männliche und weibliche Werktätige, Orden und symbolische Daten, heile Welt mit Hammer und Sichel waren häufiger Plakatinhalt. Obwohl einige außerordentliche Visualisierungen in diesem Stil gemacht wurden, ist der sozialistische Realismus in Polen weder in der freien noch in der angewandten Kunst beliebt gewesen. Schon ab 1956 verschwand der Stil, und es setzte diese außergewöhnliche Blüte des polnischen Plakats ein.

Ein wichtiger Umstand für die gebrauchsgraphischen Künste in Polen ist, daß es praktisch keine Wirtschaftswerbung gibt und deshalb wichtige Auftragsgebiete, aber auch eingefahrene Stilvorstellungen fehlen. Plakate werden entworfen für den kulturellen Bereich, für die politische Agitation und für pädagogische Zwecke. Dazu kommt der freie Plakatentwurf, das Poster, das als künstlerische Handelsware und als Wandschmuck produziert wird, ohne daß es in der Öffentlichkeit Beachtung findet. Durch all diese Umstände konnte das Plakat zu sehr freien, individuellen visuellen Interpretationen kommen, und dies ist auch die Stärke des polnischen Plakats. Ob das auch unter der neuen

Roman Cieślewicz, 1964

marktwirtschaftlichen Entwicklung möglich sein wird, kann keiner voraussagen.

Die wichtigsten Anreger des Neuanfangs waren Henryk Tomaszewski und Tadeusz Trepkowski. Seit Ende der fünfziger Jahre sind Jan Lenica, Roman Cieślewicz, Waldemar Swierzy, Jan Mlodozeniec und Maciej Urbaniec international geachtete Entwerfer mit einem erstaunlich umfangreichen Werk. Die Vielfalt der individuellen Plakatgestalter in Polen ist fast unüberschaubar. Zu den wichtigsten gehören Marek Freudenreich, Andrzej Krajewski, Jan Sawka, Franciszek Starowieyski, Roszlaw Szaybo und Stanislaw Zagorski. Die neue Generation wird unter anderem repräsentiert von Mieczyslaw Wasilewski, Wiktor Sadowski und Slawomir Witkowski.

Das polnische Plakatschaffen hat nur wenige funktionalistische und wenige Photoplakate hervorgebracht. Dagegen gibt es viele gezeichnete und gemalte Lösungen, die Montage und die Verfremdung sind wichtige Stilmittel. Ein psychedelischer Surrealismus war in den siebziger und achtziger Jahren dominierend als das adäquate Mittel für den literarischen Gedankenreichtum, der hintergründig, humorvoll und subversiv in den Plakaten erscheint. Auch Schrift ist meist gezeichnet, geschrieben oder collagiert, selten gesetzt, aber immer in die Gesamtkomposition integriert.

Diese staatlich geförderte Arbeit an einer Plakatkultur führte dazu, daß das erste Plakatmuseum der Welt in Warschau gegründet wurde. Eine Biennale der Plakatkunst, die seit 1966 stattfindet, machte Warschau zu einem internationalen Treffpunkt der Plakatkünstler. Die Auswahlen und Preisverleihungen setzten grenzüberschreitende Maßstäbe.

Kuba

Kuba, 1970

Eine ähnlich überraschende Entwicklung wie das polnische Plakat nahm ab 1960 das Plakatschaffen in Kuba. In diesem kleinen Land, das eine Volksrepublik wurde, kamen stilistische Einflüsse aus westlichen Ländern und die Notwendigkeit einer nach innen und außen wirkenden politischen Agitation zusammen. Die Plakate für soziale, pädagogische und kulturelle Anlässe hatten die Frische und Leichtigkeit der Hippie-Jugendkultur, die sich aus Elementen des Jugendstils und der Pop-art zusammensetzten. Die Plakate wurden dadurch überall akzeptiert als Bilder eines nicht einengenden sozialistischen Modells. Dies änderte sich im Laufe der Jahrzehnte stark, die Wirkung der ersten zehn Schaffensjahre wurde nicht mehr erreicht.

Neben den meist gemalten Plakaten gab es Arbeiten in einem exakten funktionalen Stil, die von Felix Beltran entworfen wurden, der später nach Mexiko emigrierte. Seine Plakate sind als die ersten ökologischen Plakatvisualisierungen zu betrachten, die in einer international verständlichen Bildsprache entworfen waren und die Umweltprobleme der Gegenwart als Probleme eines Landes darstellten.

Vereinigte Staaten von Amerika

Die Entwicklung der visuellen Medien in den USA verlief, anders als in Europa, ohne die Begleitung durch soziale oder revolutionäre Erhebungen. So waren die zwanziger Jahre geprägt von jugendstil-beladenen, gemalten Plakaten symbolischen Inhalts, garniert mit viktorianischen Resten. Ab Ende der zwanziger Jahre wurde der Art-Deco-Stil zum Ausgangspunkt für eine Moderne, die von Europa beeinflußt war. Es waren geometrische, vereinfachte Bild-Darstellungen, die in allen Medien Verwendung fanden.

Als ab 1933 viele wichtige Gestalter und Kulturschaffende in die USA emigrierten, änderte sich die stilistische Situation schlagartig. Durch die Begegnung mit der europäischen Moderne entstand in den USA eine Symbiose von Avantgarde und Wirtschaftswerbung, die interessante Ergebnisse erzielte und nach 1945 nachhaltig auf die alten Länder zurückwirkte.

Zu den einflußreichsten Emigranten gehörten Josef Albers, Herbert Bayer, Laszlo Moholy-Nagy und Will Burtin, die durch praktisches Design und pädagogisches Wirken die Szene prägten. Zu der ersten Gruppe neuer Gestalter in den USA zählten weiter Lester Beall, Alexey Brodovich, Joseph Binder, Ladislav Sutnar, Alwin Lustig, Herbert Matter, William Golden, Ben Shahn. Mit der Gestaltung von Ausstellungen, Packungen, Erscheinungsbildern, Katalogen, Zeitschriften, Kultur- und Wirtschaftsplakaten, aber auch mit der graphischen Umsetzung wissenschaftlicher Erkenntnisse beginnt eine breite Geschichte der Moderne in den USA zwischen 1930 und 1945. Das kreative Schaffen in den USA nach 1945 brachte auf dem Gebiet der Künste eine nie gesehene Freiheit der Abstraktion, die sich in außergewöhnlichen Inhalten und ekstatischen Formen, aber auch in extremen Formaten ausdrückte. Es war die Zeit der Entstehung des modernen Jazz als einer überaus sensiblen Kunstmusik und einer eigenständigen amerikanischen Variante der Neuen Musik, die, von Arnold Schönberg ausgehend, in John Cage ihren ersten Meister fand.

In diesem kreativen künstlerischen Umfeld waren auch in der visuellen Kommunikation und im Plakatschaffen wesentliche neue Ergebnisse zu sehen. Die Werbung, in den USA schon immer stärker und aggressiver ausgerichtet als in Europa, entwickelte bei Anzeigen die Serienplanung und fand dabei überraschende Textvisualisierungen.

Paul Rand, 1949

Herb Lubalin

Seymour Chwast

Die verwendeten Schriftarten wurden aus den Inhalten abgeleitet und unterlagen nicht dogmatischer Enge.

Diese zweite Phase von 1945 bis 1960 bestimmten herausragende Gestalter wie Paul Rand, Saul Bass, George Tscherny, Gene Federico, Henry Wolf, Herb Lubalin, Lou Dorfsman und Ivan Chermayeff. Sie alle fanden zu Formen, die für Europa wichtige Anregungen brachten. Ähnlich wie in der Schweiz, aber völlig verschieden im Stil, nahm im Plakat die Verwendung der Photographie stark zu.

Als Mitte der sechziger Jahre die funktionale Gestaltung weltweit in eine Krise geriet, die Rezepte der »Schweizer Typographie« nicht mehr ausreichten und nicht mehr kreativ verwendet wurden, war einer der Auslöser dafür der bunte, witzige, aber auch kritische Einbruch der Pop-art in die Künste. Dieser in England und den USA entwickelte Stil schöpfte aus den Leerformen der Werbung, aus neuen Transfer-Techniken, dem Fotosatz und dem Wunsch nach individueller und nicht objektiver Gestaltung.

Im Plakatschaffen entstand parallel dazu ähnlich Befreiendes: Milton Glaser und Seymour Chwast, denen die Schweizer Typographie schon immer ein Ärgernis war, schufen Plakatbilder, die dem neuen Pop-Sound in der Musik adäquaten Ausdruck verliehen und ein graphisches Pendant zu dieser neuen Stimmung waren. Sie hatten mit anderen 1954 das Push-Pin-Studio gegründet, in dem ein illustrativer Stil mit Hang zu Renaissance-Malerei, Jugendstil und Surrealismus entwickelt wurde. Der Erfolg des Push-Pin-Studios wuchs weltweit und hatte großen Einfluß auf junge Gestalter. Die Auflagen der Plakate Glasers und Chwasts gingen in die Millionen, selbst die von ihnen entworfenen antifunktionalistischen Schriften waren erfolgreich. Manche der Push-Pin-Plakate sahen aus wie Steckbriefe aus alter Wildwestzeit. Der Push-Pin-Stil führte zu einer neuen Blüte des illustrativen Plakats in Amerika. Die Arbeiten von Paul Davis, Barry Zaid, Wes Wilson, Peter Max, Victor Moscoso, David Lance Goines zierten die Wohnungen unzähliger junger Leute. Es war eine Zeit des persönlichen Experiments und des sozialen Protests, und alles spiegelte sich in Plakaten wider: Black Panthers, Anti-Vietnam-Krieg-Bewegung, Drogen-Auseinandersetzung, Musik, neue Religiosität, Umweltschutz, Women Liberation. Amerika schien Woodstock-Nation zu sein, und das Plakat war als wichtiger Identitätsfaktor dabei.

Aber diese kämpferische Zeit war (wie in Europa) von kurzer Dauer, und zum 200. Geburtstag Amerikas 1976 schien alles wieder in Ordnung zu sein. Die Plakatentwicklung verlief in den normalen künstlerischen und wirtschaftlichen Bahnen. Erst die achtziger Jahre und die

DAS PLAKAT IM 20. JAHRHUNDERT: JAPAN

April Greiman, 1987

Cranbrook-Design

neuen Medien brachten in den USA neue Entwicklungen und neue Namen. Zunächst als »new wave«, dann als »Pacific Wave« und schließlich »California Graphics« bezeichnet, kamen von der Westküste Plakate von April Greiman, Michael Vanderbyl, Mick Haggerty, Jayme Odgers, Jim Heimann oder Patrick Nagel, die frischen Wind in eine erstarrte Szene brachten. Die neuen Computer mit ihren Programmen und Verfremdungsmöglichkeiten regten zu neuen Bild-Text-Formen an; Kalifornien wurde das Land der unbegrenzten graphischen Möglichkeiten.

Auch aus anderen amerikanischen Regionen kamen neue Impulse: von Paula Scher, Steff Geissbuhler oder Willy Kunz in New York, von der Duffy Design Group in Minneapolis oder von Nancy Skolos in Charlestown/Maine. Die Cranbrook Academy of Art in Detroit ist seit einiger Zeit bemüht, die gebrauchsgraphische Sprache auf die Höhe neuerer Theorien der Kulturbeschreibung zu heben. Ausgehend von Jacques Derridas Begriff der »Dekonstruktion« und dem »Post-Strukturalismus« haben vor allem Edward Fella, Allen Hori und David Frej hervorragende Plakate und Gebrauchsgraphik geschaffen.

Rudy Vanderlans und Suzanna Licko gründeten die Zeitschrift »Emigre«, die neue und eigenartige Entwicklungen in Schrift und Typographie im Mac-Zeitalter dokumentieren. Der Einfluß dieser Zeitschrift auf ihre junge Fan-Gemeinde und auf deren Plakatschaffen ist nachhaltig und international.

Das Streben nach Innovativem im Bereich der Kultur ist (hoffentlich) nie zu Ende. Die Fülle neuer Anregungen aus dem führenden Land der westlichen Welt zeigt, wie das Plakat, trotz Fernsehen und Video, trotz Werbung und Großflächenplakat, ein kreatives Medium geblieben ist, das auch weiterhin Überraschungen erwarten läßt.

Japan

Obwohl die japanische Kultur Vorbild für viele Künstler war (van Gogh, Gauguin), hatten die Alltagskultur und das Plakat kaum Auswirkungen oder Akzeptanz in anderen Teilen der Welt. Um so erstaunlicher ist, daß die japanische Plakatentwicklung nach dem Krieg nicht nur, nach anfänglichen Adaptionen aus der westlichen Welt, mit unseren Standards gleichzog, sondern ein richtungweisendes Land wurde, dessen Plakate wiederum Vorbildfunktion erreichten. Seit Mitte der siebziger Jahre gehören die japanischen Gestalter zu den kreativsten in der Welt, und es scheint, als würden sie aus einem unendlichen Formenschatz schöpfen.

Während bis 1955 die Gestaltung japanischer Plakate stark in den traditionellen regionalen Formen verwurzelt blieb und wenig

Yusaku Kamekura, 1964

Neigung einer Öffnung zu einem internationalen Stil vorhanden war, änderte sich das durch amerikanischen Einfluß zunehmend. Es war eine ähnliche Entwicklung wie in der Bundesrepublik Deutschland. In dieser Phase der Erneuerung der japanischen Szene gab es nur wenige Gestalter, deren Arbeiten Aufsehen erregten, aber es war die Generation, die wir heute als Väter der japanischen Nachkriegsgestaltung nennen: Hiroshi Ohchi, Hiromu Hara, Yoshio Hayawama und der große Yusaku Kamekura.

Um Anschluß an das internationale Geschehen zu bekommen, wurde 1960 das »Nippon Design Center« gegründet, nicht um Gewinne zu erzielen, sondern um das Niveau der gestalterischen Arbeiten anzuheben. In umfangreichen Ausstellungen zeigte man erstmals die Arbeiten der Gestalter der nächsten Generation: Kazumasa Nagai, Ikko Tanaka, Ryuichi Yamashiro, Makoto Nakamura, Shigeo Fukuda und Tadanori Yokoo. Sie alle schufen neue Formen der japanischen visuellen Kommunikation, die schnell internationale Verbreitung und Anerkennung fand.

Im Werk dieser Gestalter war eine große Vorliebe für exakte geometrische Formen zu sehen, die damals durch die »Schweizer Schule« und die Op-art international wirkten, die aber auch den signetähnlichen, alten japanischen Familienzeichen entstammen. Neben dieser geometrischen Gestaltung war vor allem im Werk von Tadanori Yokoo ein illustrativer Stil mit erzählender Magie zu sehen. Als weitere verbreitete Ausdrucksart kam die Technik der Collage dazu, die befremdliche Kombinationen verschiedener bildhafter Realitäten ermöglicht und innovative Assoziationsquellen entdeckt.

Die Motive dieser Plakate sind nie nur abbildend. Die Differenz zu bekannten Bildern ist groß und vom Inhalt des Kommunikationsziels abgeleitet, also nicht formalistisch. Diese Visualisierungen öffnen sich meist nicht auf den ersten Blick und sind wohl oft nur ganz verständlich, wenn man mit japanischer Sprache und Kultur vertraut ist. Es kommen Umsetzungsideen aus allen Stilen der modernen Kunst zum Tragen, und aus alten Epochen: Konstruktivismus, Surrealismus, Expressionismus und Kombinationen aus allen Richtungen. Das als »postmodern« bezeichnete Zitieren und liebevolle Verballhornen waren immer wichtiger Bestandteil neuer japanischer Gestaltung.

Visuelle Unverbrauchtheit wird in Japan immer wieder auch erreicht durch den Einsatz neuester Techniken in Entwurf und im reproduktionstechnischen Bereich. Während das Medium Plakat in Europa und Amerika durch die Einführung des Großflächenplakats und die eruptive Verbreitung des Fernsehens (was für Japan auch gilt) keine

DAS PLAKAT IM 20. JAHRHUNDERT: DEUTSCHLAND

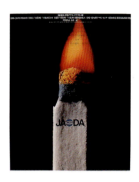

Shigeo Okamoto, 1981

Höhepunkte mehr hervorbrachte, erfanden die Japaner das künstlerische Plakat neu, aber ohne den handwerkelnden Beigeschmack dieser Gattung. Ein erster Höhepunkt der bisherigen Entwicklung lag am Ende der siebziger Jahre, als neben der japanischen Plakatkultur alles zu verblassen schien. Ihre Gestalter waren unter anderen Tagenobu Igarashi, Shigeo Okamoto, Yosuke Kawamura, Koichi Sato.

Das japanische Plakat hat in den letzten vierzig Jahren eine euphorische Entwicklung vollzogen. Das Land war in dieser Zeit die Region, aus der die wichtigsten Impulse und die interessantesten Arbeiten kamen.

Deutschland

Aus der künstlerischen Tradition des Jugendstils, sowie angeregt durch englische und französische Vorbilder, kamen die ersten wichtigen deutschen Gestalter wie Peter Behrens, Lucian Bernhard und Ludwig Hohlwein. Sie schufen ein umfangreiches, stilistisch geschlossenes, signifikantes Plakatwerk und waren im besten Sinne angewandte Künstler, die einer Kommunikationsaufgabe dienten.

Eine weitere große Welle der Plakatentwicklung in Deutschland brachte der Expressionismus. Viele Plakate dieses Stils sind in der individuell bearbeitbaren Drucktechnik des Holzschnitts oder als Originallithographie in kleiner Auflage hergestellt. Künstler, wie Oskar Kokoschka, Ernst Ludwig Kirchner, Erich Heckel, waren die herausragenden Entwerfer. Der expressionistische Künstlerstil beeinflußte stark die Gebrauchsgraphik.

In dieses künstlerische Umfeld brach nach 1918 eine grundlegend andere künstlerische Auffassung ein. Abstrakte Künstler und Konstruktivisten in verschiedenen Ländern wollten von den individuell-psychologischen Schaffenswallungen weg zu objektiven Gestaltungsformen und Inhalten kommen. Max Burchartz, Willy Baumeister, Walter Dexel und Johannes Molzahn gehörten zu denen, die diese als »funktional« bezeichnete Richtung vertraten, und die Jan Tschichold später unter den Begriffen »elementare Typographie« oder »neue Typographie« sammelte. Diese Denk- und Arbeitsweise wurde auch an der 1919 gegründeten Schule »Bauhaus« von Laszlo Moholy-Nagy, Herbert Bayer, Josef Albers und Joost Schmidt gelehrt. Bis 1933 behauptete sich in Deutschland die funktionale Gestaltung neben der illustrativ-künstlerischen als für wirtschaftliche und kulturelle Kommunikation hervorragend geeignet. Durch politische Einflußnahme wurde bis 1945 eine organische Weiterentwicklung verhindert, viele bedeutende Gestalter emigrierten. In Deutschland herrschte, wie in der Politik, autoritär geprägtes Gestalten spießiger Machart.

Herbert Bayer, 1926

Nach dem Zusammenbruch des Dritten Reiches war ein Neuanfang im graphischen Schaffen notwendig, aber auch äußerst delikat. Sieht man einmal von den emigrierten Gestaltern ab, hatten sich nahezu alle in den herrschenden völkischen Normen eingerichtet. Ein Abweichen von diesem Stil war praktisch nicht mehr möglich. So bedeutete schließlich der Neuanfang für die Jugend einen totalen Bruch mit der jüngsten Vergangenheit und den grotesken Bildern einer engstirnigen Ideologie.

Anschluß an die fortschrittliche Gestaltung vor 1933 war nur langsam möglich, denn die Einsichtnahme war verschüttet, und die Zeit war eine andere geworden. Und diese Epoche forderte neue Ausdrucksformen. Erste praktische Ergebnisse kamen beispielsweise aus Kassel, wo der schon in den zwanziger Jahren erfolgreiche Hans Leistikow seit 1948 eine begierige junge Generation ausbildete und selbst praktisch arbeitete. Aus seiner Klasse gingen die besten Gestalter des jungen Deutschland hervor: Isolde Baumgart, Hans Hillmann, Wolfgang Schmidt, Helmut Schmidt-Rhen.

Aus Offenbach, wo auch Hans Bohn unterrichtete, kamen Hans Michel und Günther Kieser, die in ihrer Ateliergemeinschaft ein wichtiges Werk mit Plakaten für den Hessischen Rundfunk und für Konzerte mit modernem Jazz schufen. In Stuttgart war es Anton Stankowski, der 1937 aus der Schweiz zurückkehrte und ab 1949 wieder hervorragende visuelle Arbeiten für Zeitschriften und Industrieunternehmen schuf.

Otl Aicher, ca. 1947

1953 wurde als Ort für demokratische Erneuerung die Hochschule für Gestaltung in Ulm gegründet. Die Vordenker waren Inge Aicher-Scholl, Otl Aicher und Max Bill. In den Jahren ihres Bestehens sammelten sich in dieser Schule Kräfte, die Gestaltung nicht als affirmatives Beiwerk begriffen, sondern als rationale Kraft verantwortungsvoller, bewußter Umweltgestaltung. Hier wurden die in Deutschland verhinderten Erkenntnisse des Bauhauses kreativ weiterentwickelt und mit notwendig gewordenen Neuerungen ergänzt. Es entstanden Erscheinungsbilder und Designprodukte, die der Bundesrepublik internationales Ansehen brachten. Die Entwicklungen der HfG Ulm im Plakatbereich erinnerten stark an die Formen des Schweizer Plakats, das in diesen Jahren weltweit großes Ansehen genoß.

Um 1960 war in Deutschland die uneingeschränkte Konsumentwicklung wichtigstes Ziel. Die Wirtschaftswerbung nach amerikanischem Vorbild nahm stark zu und erlebte unglaubliche Niveaulosigkeit. Als Reaktion dagegen wurde 1958 in Frankfurt die Graphik-Gruppe »novum« gegründet, der unter anderen Karl Oskar Blase, Dorothea & Fritz Fischer-Nosbisch, Hans Hillmann, Helmut Lortz, Hans Michel,

DAS PLAKAT IM 20. JAHRHUNDERT: DEUTSCHLAND

Günther Kieser, Erika Müller und Wolfgang Schmidt angehörten. Die Gruppe kämpfte um beste Qualität der Gebrauchsgraphik nicht nur im Kulturbereich. Internationales Aufsehen erregten die Plakate für Filme der Avantgarde aus den Verleihfirmen »Atlas« und »Neue Filmkunst«, die regelmäßig von Gruppenmitgliedern gestaltet wurden.

Mit den dargestellten Entwicklungen, aber auch durch Willy Fleckhaus (vor allem mit der Zeitschrift »twen« und der Arbeit für den Suhrkamp-Verlag), durch Heinz Edelmann (mit Theater- und Filmplakaten, der Arbeit für den WDR und mit »Yellow Submarine«) und durch Hans Peter Hoch (mit der Arbeit für das »Institut für Auslandsbeziehungen«) war ein Niveau neuer Gestaltung in der Bundesrepublik erreicht, das im besten Sinne ein neues Selbstverständnis in der visuellen Kommunikation und im Plakatschaffen darstellte. Dies zeigte auch das souveräne Erscheinungsbild Otl Aichers für die Olympiade 1972, das international Vorbild wurde.

Holger Matthies, 1974

Viele Auszeichnungen erhielten seit den siebziger Jahren Frieder Grindler, Holger Matthies und das Studio Rambow, Lienemeyer, van de Sand. Hunderte von Plakaten entstanden in Anlehnung an die Technik der Photomontage, oft mit inhaltlich treffenden Bildern, aber auch oft mit untereinander austauschbaren Lösungen.

Als strengere Gestalter, die stärker von der Typographie und der abstrakten, zeichenhaften Kunst herkamen, schufen Almir Mavignier (der an der HfG Ulm ausgebildet wurde) und das Studio Mendell & Oberer souveräne Werke. Während sich seit 1980 ein international stärkeres Interesse an der Typographie erkennen ließ, waren große Werkgruppen im Plakatbereich seltener geworden. Einzig Ott + Stein aus Berlin erarbeiteten ein geschlossenes, überraschendes Werk, genauso wie der unermüdliche Uwe Loesch. In den jüngsten Jahren kamen von Baumann & Baumann Plakate mit der elementaren Frische, die große Plakate des Funktionalismus und des Schweizer Plakats auszeichneten. Es sind aber keine nostalgische oder plagiatorische Arbeiten, sondern, nach dem Sturm einer libertären Typographie, gelungene neue Ansätze für ordnende, rationale Gestaltung.

Ott + Stein, 1987

Gerade diese neuen Entwicklungen zeigen, wie notwendig die ständige Analyse des Auf und Ab der Gestaltung und wie wenig hilfreich eine enge Dogmatik ist: sowohl für das Schaffen kreativer Werke als auch für eine kreative Betrachtung der Szene.

Neben diesen dargestellten Entwicklungen in den verschiedenen Regionen gab und gibt es immer wieder parallele Stile, die, ohne einflußreich zu sein, ebenfalls gute Ergebnisse erzielt haben, jedoch für die vorwärtsstrebende Gestaltung von geringerer Bedeutung waren. Die

Gleichzeitigkeit des Verschiedenen in der Gestaltung ist ein wichtiger Umstand, der Einseitigkeit oder leeren Dogmatismus verhindern hilft und der Qualität überhaupt richtig einschätzen läßt. Das ungewollte Zusammenspiel von sich ablösenden oder bekämpfenden Richtungen macht überhaupt erst die gestalterische Kultur einer Zeit aus. Rational und surreal, intuitiv und konzeptionell, ernst und witzig, expressiv und konstruktiv sind Möglichkeiten, die sich immer wieder bedingen. Historische Stile sind nie zu Ende. Alle in unserer Welt gedachten Gedanken oder gemachten Bilder können immer wieder eine neue, anregende Qualität bekommen und aktuell werden. Wichtig ist letztlich die Möglichkeit und Notwendigkeit, sich für oder gegen einen Stil zu entscheiden, denn kein möglicher Stil ist von vornherein gut oder gar ein Rezept für gute Gestaltung. Es gibt keine Rezepte in der Gestaltung, und jeder Stil hat seine Blüte und seinen (vorübergehenden) Niedergang. Dies bedeutet nicht »*anything goes*«, sondern ist ein Eintreten für die wache Analyse der Leistungsfähigkeit von Stilen. Es kommt immer eine Zeit, in der einstmals kreative Zeichen verbraucht sind. Dies gilt es zu erkennen, dann ist es auch Ansporn auf der Suche nach neuen, kreativen Leistungen.

Künstlerplakate für die Sparkassen

KÜNSTLERPLAKATE FÜR DIE SPARKASSEN

In unserem Jahrhundert hat das Plakat eine Blüte erlebt, die nicht vorhersehbar war. Es wurde zu einem Medium der Information, der Werbung, der Kunst und der Dekoration. Plakate sind ein kurzfristig und langfristig wirkendes Medium: kurzfristig wirkt es für einen Termin und einen Zweck, langfristig wirkt es, wenn es zusätzlich zu werblichen oder informierenden Umständen ein Spiegelbild einer künstlerischen Qualität wird. Durch vielfältige Vorgänge gibt es alle 10 bis 20 Jahre eine Änderung des Stilgefühls in der visuellen Kommunikation. Danach werden die relevanten Plakate Antiquitäten und Spiegelbild eines vergangenen Zeitabschnitts, den sie bestenfalls repräsentieren. Die Veränderungen können durch technische, künstlerische oder typographische Vorgänge ausgelöst sein, aber auch durch gesellschaftspolitische Ereignisse.

Von Anfang an waren die *Sparkassenplakate* von Gestaltern entworfen, die in der deutschen Szene eine führende Rolle spielten. Abhängig vom Stil der Zeit erarbeiteten sie beste Visualisierungen für diesen bedeutenden Auftrag, der eine große Verbreitung fand und schon dadurch Aufmerksamkeit erreichte.

In den dreißiger und vierziger Jahren wurden Otto Arpke, Ludwig Hohlwein, Lois Gaigg oder Jupp Wiertz, die wesentliche Repräsentanten des deutschen Plakats waren, mit den Entwürfen beauftragt. Seit den fünfziger Jahren wurde mit Richard Roth, Anton Stankowski, S + H Lämmle oder Hanns Lohrer diese Tradition fortgesetzt.

Eingebettet in die allgemeine Entwicklung des Sparkassenplakats und des Plakats allgemein sind Künstlerplakate zum *Weltspartag* entstanden. Das Erscheinungsbild einer periodisch wiederkehrenden Plakataufgabe wie dem Weltspartag kann durch zwei sehr unterschiedliche Konzeptionen gelöst werden: eine im Aufbau und Inhalt immer gleiche Lösung oder individuelle, verschiedene Lösungen bei gleichbleibendem Thema. Beide sind realisiert worden, wobei es die Serienplakate zum Weltspartag noch heute gibt, während die Künstlerplakate nur für den Zeitraum von 1974 bis 1983 existierten.

Diese beiden Positionen kennzeichnen die möglichen Einstellungen bei den Diskussionen um das visuelle Erscheinungsbild eines Unternehmens. Nur zu schnell ist ein mühevoll entwickeltes Erscheinungsbild erschöpft, weil es nicht kreativ angewandt wird oder durch verschiedene thematische Anforderungen nicht kreativ angewandt werden kann.

Die *Künstlerplakate zum Weltspartag* sind eine Serie ohne stilistische Einengung oder Verbundenheit durch die Gestaltungsrichtlinien des Erscheinungsbildes der Sparkasse. Nur wenige gestalterischen

Mit dem »Blumenstrauß« von Jan Lenica eröffnete 1974 die Sparkassenorganisation die Plakatserie zum Weltspartag

Jan Lenica, Paris 1974 (Offset 6fbg.)

KÜNSTLERPLAKATE FÜR DIE SPARKASSEN

Teile, wie Signet und Textzeile, sind vorgegeben, wobei schon die ausgewählte Schrift verschieden sein kann. Hier muß der Plakatgestalter kaum Rücksicht nehmen auf geschmackliche oder konzeptionelle Wünsche der Auftraggeber. Allerdings ist die Zielgruppe so groß, daß die Plakate allgemeinverständlich sein müssen. Keine privaten Mythologien dürfen die Typographie unlesbar oder die Abbildung unklar machen.

Die Plakate zum Weltspartag

Blumenmotive als Gruß zum Weltspartag verwendeten Jan Lenica 1974, Josua Reichert 1976 und HAP Grieshaber 1978. Bei diesen drei Plakaten zeigt sich besonders schön, wie bekannte und akzeptierte Künstler ein Motiv in dem Stil darstellen, für den sie berühmt sind. Bei Reichert ist auch die schmalfette Grotesk des Titels für die Schriftauswahl in seinem Werk charakteristisch, während Grieshabers Handschrift ein weiteres Element des Originalen und der Authentizität ist.

Seriell hintereinander aufgereiht sind die Köpfe in Jan Lenicas Plakat von 1975. Die kreisförmig stilisierten Augen stehen in einer Reihe mit dem Mittelpunkt einer Blume, in die diese Augen blicken.

Eine unwirklich in einer idealisierten Landschaft stehende Treppe, die irgendwann plötzlich aufhört, weil das Ziel erreicht wurde, ist das zentrale Motiv von Milton Glasers Plakat von 1976. Auf der Treppe liegen bunte Bälle, aber der schönste bunte Ball, der alle Farben vereint, liegt auf der obersten Sprosse, die auch ein Sprungbrett sein kann. Glasers Motiv und der Stil seiner Darstellung sind stark beeinflußt von surrealer Kunst und von alten italienischen Meistern, aber in der bunten, spielerischen Art ganz in die Gegenwart übertragen.

Ernst Wilds Plakat von 1977 zeigt ein malerisches Monument, das eine stilisierte Spardose und ihre Funktion zeigt.

Anton Stankowskis klare graphische Konstruktionen aus dem Jahr 1978 verzichten auf gestische Illustration. Das eine Plakat hat durch die Diagonalen eine zu dem Kreis hinziehende Drehdynamik, das andere durch die vielen Farbteile eine bildhafte Reichhaltigkeit der Ziffer 8.

Mit außergewöhnlicher Perspektive zeigte Hans Hillmann 1978 eine delikat aquarellierte Menschenmenge: Fröhlich-beschwingt, aktiv, aus der Mitte unserer Städte, kann sich unter den dargestellten Personen jede Zielgruppe selbst entdecken. Die reichhaltige und immer verschiedene Struktur zieht das Auge magisch an.

Ein erzählendes Motiv schuf Günther Kieser 1978. Es ist das Bild einer ruhigen, heilen, ländlichen Welt. Mittendrin steht ein großes Haus, in dessen Dach die Öffnung einer Spardose eingezeichnet ist. Darin steckt, fast Sonne, fast Mond, fast Münze, eine zart und harmonisch lächelnde Gesichtsform. Man fühlt sich in die Märchenwelt zurückversetzt und, durch den Illustrationsstil, in die Welt der Märchenbücher. Dies wird auch durch den Papierrand der Illustration verstärkt. Besonders gut auf die Darstellung abgestimmt ist die schmale Versal-Antiqua-Zeile als Überschrift. Jede andere Schrift wäre zu niedlich oder zu streng.

Naturnahe Abbildungen bestimmen die fein gemalten Entwürfe von Walter Heckmann aus den Jahren 1979 und 1980. Beide Arbeiten zeigen Bilder in Bildern. Das zentrale Motiv sind Spardosen, einmal in der Landschaft liegend von einer Fata-Morgana-Spardose überragt, und einmal als blühende Landschaft unter der Erdoberfläche.

Ebenfalls von Naturdarstellung leitete Marjan Vojska 1979 sein Motiv des Vogels im Baum ab und Hans-Ulrich Osterwalder sein 1982 erschienenes Plakat mit Vogel, Nest und Sparbuch. 1979 schuf Osterwalder eine surreale, wissenschaftlich-analytisch anmutende Kopfillustration, die gleichzeitig den Erdball symbolisiert. Hier ist die abgerundete, serifenlose Schrift bestens als Ergänzung des Illustrationsstils ausgewählt.

Josse Goffin malte 1980 einen stark vereinfachten Kopf, der eine runde Form, vielleicht eine Münze, balanciert, auf der ein Vogel sitzt. Aus dem Mund des Menschenkopfs quillt eine Sprechblase, die eine Erdkugel ist. Mehrere ineinandergreifende Landschaftsansichten mit Tischen, Ausblicken, einer sprießenden Pflanze und einer Sonne am Horizont bestimmen die erzählerischen Illustrationen von Heinz Edelmann im Plakat von 1980. Eine schöne Worttrennung durch Farbe spielt mit dem Inhalt und legt Nachdruck auf alle drei Teile: Welt, Spar, Tag.

Almir Mavignier, seit seinen ersten Arbeiten ein elementarer und funktionaler Gestalter, löst mit dieser Haltung auch sein Weltspartag-Plakat von 1981. Das Element, das in seinem gesamten künstlerischen Werk dominiert, ist der Punkt. Hier verdichtet er dieses Elementarzeichen zu einem Symbol für Münze, für Sonne, für die Welt oder einfach zu einem Aufmerk-Zeichen. Bei dieser minimalistischen Konsequenz verwendet Almir Mavignier natürlich die Schrift, die den funktionalen Gestaltern am nächsten steht: die Grotesk-Schrift.

Ivan Chermayeffs kleine Sammlung mit Proben aus verschiedenen Bereichen sind Spurensicherungen aus Natur und Leben. Dieses photographische Plakat aus dem Jahr 1981 ist sicher einer der kompliziertesten Entwürfe, der sich erst nach einiger Zeit als klare Konzeption öffnet und mitteilt.

In Herbert Leupins leicht kalligraphiertem Harlekin ist ein Blumenstrauß das Element mit Farbe. Ein blauer Kreis umschließt das

Bildmotiv, das dadurch wie ein Zeichen für Weltspartag wird. In seiner abstrahierten, gestischen Einfachheit ist Leupins Plakat von 1983 ein besonders gelungenes Beispiel einer souveränen Themengestaltung.

Mit ihrem pastos gemalten Schwung ist die *Plakatserie »fair«* von Heinz Edelmann aus dem Jahr 1976 ein wichtiges Beispiel für hervorragende didaktische Plakate. Durch Stil und Motive sind sie nicht so belehrend, daß man sie gleich ablehnt, denn sie bilden nicht den guten Menschen ab oder den erhobenen Zeigefinger. Sie interpretieren besonders gefährliche Situationen, in die jugendliche Motorradfahrer kommen können. Auf eine Schiefertafel gemalt, deren Umrisse mitgedruckt sind, breiten sich die präzise benennbaren Motive unflätig über die Fläche und darüber hinaus. Jedes der Motive ermöglicht einen positiven Einstieg in die Probleme der Verkehrssicherheit. Besonders jüngere Betrachter sind von diesen Arbeiten eingenommen, denn Edelmanns Arbeiten für Musikveranstaltungen und für den Film »Yellow Submarine« mit den Beatles, in denen vergleichbare Getüme erscheinen, erfreuen sich intensivster Akzeptanz in der jugendlichen Zielgruppe.

Plakatserie »fair«

Die Künstlerplakat-Serie *»Kind und Verkehr«* erschien 1980. Fünf illustrative Plakate sensibilisieren Erwachsene für die Schwierigkeiten der Kinder im Straßenverkehr. Alle Arbeiten vermeiden vordergründigen Realismus, der eher abstoßend erschiene als nachdenklich machen würde.

Plakatserie »Kind und Verkehr«

Hans Hillmann entwarf einen wundervoll aquarellierten Blick von oben auf eine Straße mit kunterbunt umherlaufenden Kindern, um den Betrachter zum Bedenken des Verhaltens von Kindern zu lenken.

André François macht mit einem skizzierten Fabelwesen auf die spontane Unberechenbarkeit der Kinder aufmerksam, die er in die Textzeile faßt: »Vorsicht – rotes Licht/lauf nach dem Vogel nicht.«

HAP Grieshaber visualisiert mit seinen Holzschnittformen ein illustriertes Stoppschild, unter dem der Text-Vorwurf steht: »Alles verkehrt verkehrt.«

Tomi Ungerer läßt einen stolzen Jungen auf der Lanze eines Ritters in einem unkonventionellen Hilfsversuch heil über die Straße kommen.

Jan Lenica zeigt ein Verkehrs-Chaos-Gewirr mit Straßen und Pfeilen, in denen eine Ampel als Schutz der Kinder auftaucht: »Es saust und spukt der Bösewicht, doch Kinder schützt ein grünes Licht.«

Die Serie ist durch künstlerische Qualität für Erwachsene und die attraktiven Themen für Kinder geeignet, über die schwierigen Probleme von Kind und Verkehr nachzudenken. Die Serien für den

KÜNSTLERPLAKATE FÜR DIE SPARKASSEN

Weltspartag, die Serie »Kind und Verkehr« und die fünf »Fair-Poster« von Heinz Edelmann sind mit ihrem stilistischen Reichtum, der von den besten Gestaltern geschaffen wurde, ein kleiner Querschnitt durch die internationale Entwicklung des Plakats in jener Zeit. Solche Serien sind selten. Sie zeigen, wie ein souveränes und intelligentes Konzept die oft banale und zu Recht geschmähte Werbung akzeptabel machen kann.

Wenn visuelle Information intelligente Information sein kann, muß sie es sein. Die Plakate des Deutschen Sparkassenverlags zum Weltspartag erfüllen diese Forderung. Sie zeigten im Laufe der Jahre eine Kontinuität bester künstlerischer Qualität.

**Künstlerplakate
zum Weltspartag
1974–1983**

Jan Lenica
Paris 1975
(Siebdruck 8fbg.)

Josua Reichert
Stephanskirchen 1976
(Siebdruck 4fbg.)

HAP Grieshaber
Achalm 1978
(Offset 3fbg.)

Anton Stankowski
Stuttgart 1978
(Offset 6fbg.)

Milton Glaser, New York 1976 (Offset 6fbg.)

Hans-Ulrich Osterwalder, Hamburg 1979 (Offset 4fbg.)

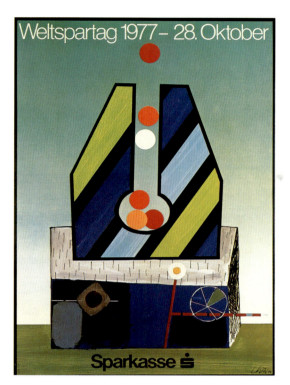

Ernst Wild
München 1977
(Offset 6fbg.)

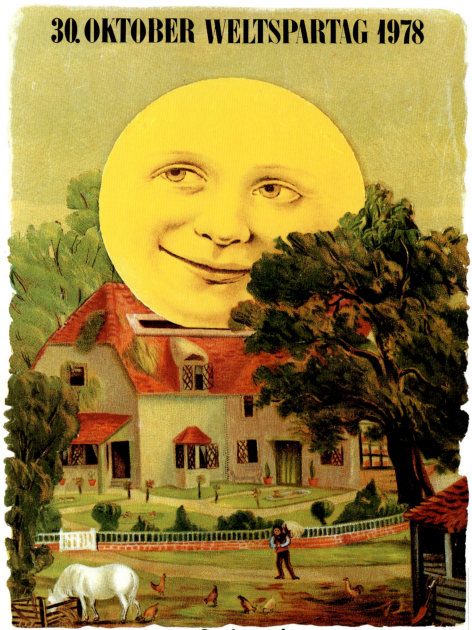

Günther Kieser
Frankfurt 1978
(Offset 4fbg.)

Walter Heckmann
Frankfurt 1979
(Offset 4fbg.)

Marjan Vojska
Münster 1979
(Offset 4fbg.)

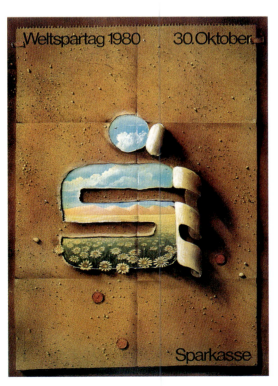

Walter Heckmann
Frankfurt 1980
(Offset 4fbg.)

Hans-Ulrich Osterwalder
Hamburg 1982
(Offset 6fbg.)

Hans Hillmann
Frankfurt 1978
(Offset 4fbg.)

Heinz Edelmann
Den Haag 1980
(Offset 4fbg.)

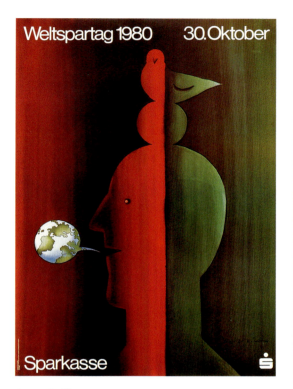

Josse Goffin
Brüssel 1980
(Offset 5fbg.)

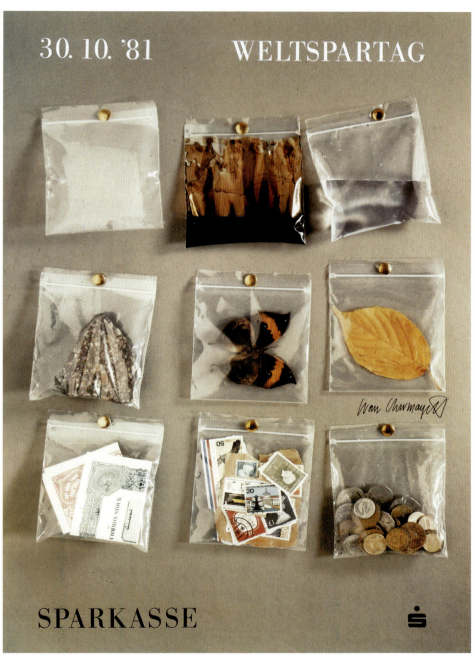

Ivan Chermayeff
New York 1981
(Offset 4fbg.)

Herbert Leupin
Basel 1983
(Offset 4fbg.)

Almir Mavignier
Hamburg 1981
(Siebdruck 2fbg.)

**Plakatentwürfe
50 Jahre Weltspartag**

Frieder Grindler

Frieder Grindler

Jürgen Spohn

Iris vom Hof

N + M Baum

Jan Lenica

Plakatentwürfe zum Weltspartag

Holger Matthies

Holger Matthies

Holger Matthies

Daniel Maffia

Daniel Maffia

Günther Kieser

Anton Stankowski

Anton Stankowski

Max Bollwage

**Plakatserie
»fair«**

Plakatserie »fair«
5 mehrfarbige Plakate
mit einem
kommentierenden
Deckblatt

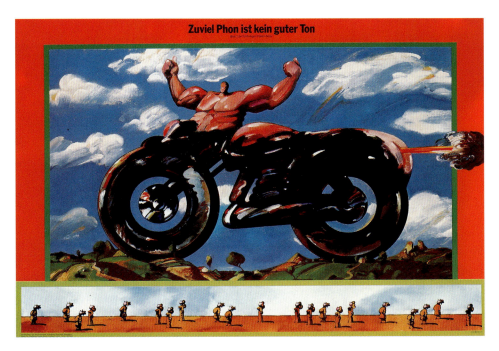

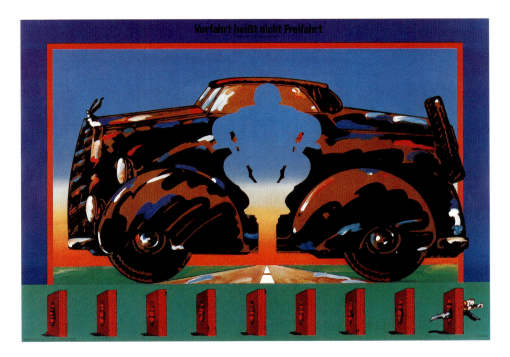

Plakatserie »fair«
5 mehrfarbige Plakate mit einem kommentierenden Deckblatt

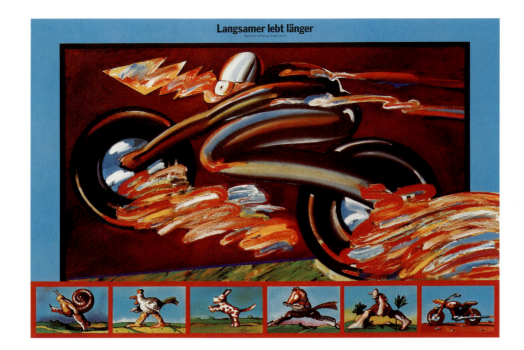

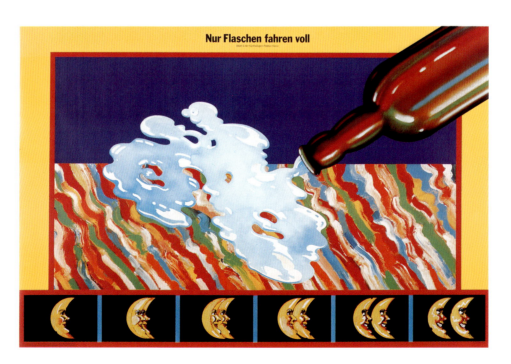

**Plakatserie
»Kind und Verkehr«**

Tomi Ungerer
Lichtdruckgraphik 5fbg.

Hans Hillmann
Lichtdruck-/Siebdruckgraphik 6fbg.

HAP Grieshaber
Originalholzschnitt 6fbg.

Jan Lenica
Serigraphie 12fbg.

André François
Lichtdruckgraphik 5fbg.

Die Geschichte des Sparkassenplakats

GESCHICHTE DES SPARKASSENPLAKATS: 1924–1945

1924–1945 Nach dem Ende des Ersten Weltkriegs herrschte in Deutschland in geistiger und politischer Hinsicht vollkommene Desorientierung. Das festgefügte wilhelminische Weltbild brach auseinander, und nichts ähnlich Verbindliches trat an seine Stelle. Der Schock über den verlorenen Krieg saß tief und hinterließ allgemeine Verunsicherung. Eine Konsolidierung auf wirtschaftlichem und politischem Gebiet war nötig. Die Ausrufung der Republik am 9. November 1918 durch Philipp Scheidemann brachte keine entscheidende Beruhigung der Verhältnisse. Der Widerstand gegen die »Erfüllungspolitik« – gemeint ist die Erfüllung des Versailler Vertrags – war stark, und die Bürger hatten von vornherein kein großes Vertrauen in den neuen Staat. Zudem vermittelte eine zersplitterte Parteienlandschaft ebenfalls ein Gefühl der Unsicherheit, weshalb die Weimarer Republik vielfach als die »ungeliebte Republik« bezeichnet wurde. Außenpolitischer Druck, Wirtschaftskrise, Inflation, politische Morde und Unruhen prägten die Jahre von 1919 bis 1923.

Die Stabilisierung der Währung durch die Rentenmark im November 1923 stellte daher einen wichtigen Erfolg auf wirtschaftlichem Gebiet dar. Die Annahme des Dawesplans 1924 – ein internationaler Vertrag über die Reparationen, die Deutschland an das Ausland zu zahlen hatte – brachte eine beträchtliche Auslandsanleihe, durch die Deutschland seine Zahlungsbilanz ausgleichen konnte. In diesem Jahr wurde die Reichsmarkwährung eingeführt, welche die Einlösung der Reichsmarknoten und -guthaben in Goldbarren oder Devisen gewährleistete. Mit diesen Maßnahmen trat ein rascher wirtschaftlicher Aufschwung ein, der bis zum Ausbruch der Weltwirtschaftskrise 1929 andauerte. Die politische Situation der neuen Republik beruhigte sich: Der steigenden Anerkennung Deutschlands im Ausland folgte 1926 die Aufnahme in den Völkerbund.

Für die Sparkassen bedeutete das Jahr 1924 den Beginn grundlegender Neuerungen hinsichtlich eines gemeinsamen Auftritts in der Öffentlichkeit. Ein neues Vertrauen in die Währung mußte vermittelt und der Bürger davon überzeugt werden, daß mit der Einführung des Goldstandards eine Inflation zukünftig nicht mehr möglich war. Nur aus einer einheitlichen Organisation heraus konnten diese Zielsetzungen verwirklicht werden, und so entstand am 15. März 1924 aus dem Zusammenschluß der drei Spitzenverbände Deutscher Sparkassenverband, Deutscher Zentral-Giroverband und Deutscher Verband kommunaler Banken der *Deutsche Sparkassen- und Giroverband*. Unter dem Motto »Arbeitsamkeit und Sparsamkeit« versuchte die neugegründete Organisation das durch die Erfahrungen der Inflation gestörte

Beginn der Sparkassenwerbung

Verhältnis zu breiten Kundenkreisen wiederzubeleben, ohne dabei allerdings über ein einheitliches Werbekonzept zu verfügen.

Am 24. August 1924 fand in Stuttgart der erste Allgemeine Sparkassen- und Kommunalbankentag statt. Hier wurden richtungweisende Grundgedanken entwickelt, die für die Sparkassenwerbung der folgenden Jahre maßgeblich waren. Die Sparkassenwerbung sollte einheitlich und zentral für die Gesamtheit aller Sparkassen konzipiert werden. Die dafür erforderlichen Instrumente wurden ebenfalls von diesem Gremium ins Leben gerufen: *der Zentrale Werbeausschuß*, der den »Sparkassen-Werbedienst« publizierte, die »Deutsche Sparkassenzeitung« und eine zentrale Werbestelle bei dem neugegründeten Deutschen Sparkassen- und Giroverband.

Mit dem alten Sprichwort »Wer den Pfennig nicht ehrt, ist des Talers nicht wert« rückt der Spargedanke ins Zentrum der Werbeaktivitäten. Es galt, den Schock der Inflation zu überwinden und das Sparen als Mittel zum Wohlstand für den einzelnen und die Allgemeinheit herauszustellen. Die Sparkassenwerbung wurde nun als Überzeugungsarbeit gesehen, als erzieherisches Mittel, um langfristig durchgreifende Wirkung zu erreichen. So konnte das Vertrauen der Menschen in die Währung, die Sparkassen und das Sparen zurückgewonnen werden. Da die Masse der kleinen, aber zahlreichen Sparer, die niederen Beamten, Arbeiter und Bauern die traditionelle Kundschaft der Sparkassen bildete, stand der »kleine Mann« im Mittelpunkt der Werbung. Diese Gruppe von Sparern trat nach 1924 als bedeutender wirtschaftlicher Faktor viel stärker ins öffentliche Interesse, und folglich war der Service im Klein- und Personalkreditgeschäft bevorzugtes Thema in der Werbung. Durch eine Steigerung des Giroverkehrs versuchten die Sparkassen, die Verluste im Sparverkehr auszugleichen. Noch 1939 lautete die Zielvorgabe im Werbeplan: »Die Werbung soll erreichen helfen, daß jedem einzelnen deutschen Volksgenossen der Spargiroverkehr unter dieser Bezeichnung ein ebenso verständlicher Begriff wird, wie es der Postscheckverkehr zweifellos ist.« Auch die Werbung für den Giroverkehr, 1909 zuerst von den sächsischen Sparkassen angeboten, wurde intensiviert, um den Bargeldumlauf anzuregen.

Mitten in diese »werbliche Aufbruchbewegung« fiel auch die Ausrufung des Weltspartags in Mailand. 1924 beging die Cassa di Risparmio delle Provincie Lombarde in Mailand ihr hundertjähriges Bestehen, zu deren Jubiläum ein internationaler Kongreß stattfand. Vom 26. bis 31. Oktober 1924 trafen sich die Vertreter der Sparkassen aus 29 Ländern in Mailand zum *I. Internationalen Sparkassenkongreß*,

Der erste Weltspartag

GESCHICHTE DES SPARKASSENPLAKATS: 1924–1945

der den Beschluß faßte, daß alljährlich am 31. Oktober, dem Schlußtag des Kongresses, der Weltspartag begangen werden soll. Dazu hieß es: »Dieser Tag soll nicht ein Tag des Müßigganges sein, sondern ein Tag der Arbeit, an dem die Handlungen aller von dem Ideal der Sparsamkeit erfüllt sein sollen, ein Tag, der der Verbreitung dieses Ideals durch Beispiel, Wort und Bild geweiht ist.« Der Weltspartag ist seitdem vor allem bei den Sparkassen ein Höhepunkt der Werbeaktivitäten, um auf die Bedeutung der Sparsamkeit aufmerksam zu machen. Mit Rücksicht auf den Reformationstag wurde der Weltspartag in Deutschland ab 1928 am 30. Oktober (beziehungsweise dem jeweils letzten Werktag des Monats) durchgeführt.

Die Plakatwerbung der Sparkassen erlangt erst zu Beginn der dreißiger Jahre ihre eigentliche Bedeutung. Alle Aktionen davor, die versuchten, das Plakat als Werbemedium einzusetzen, hatten keinen großen Erfolg. Schon 1924 wurde ein Giroplakat-Wettbewerb durchgeführt, der aber trotz 694 eingereichter Entwürfe keine öffentliche Resonanz fand.

In den Jahren nach der Stabilisierung der Mark (1924) bestand das Grundproblem der deutschen Volkswirtschaft in einem chronischen Kapitalmangel. Appelle zum Sparen von seiten der politisch Verantwortlichen waren an der Tagesordnung. Reichskanzler Luther (parteilos) wandte sich aus Anlaß des ersten Weltspartags in Deutschland 1925 mit folgendem Aufruf über die Sparkassen an die Öffentlichkeit: »Die Not unserer Zeit erfordert gebieterisch sparsames Haushalten von jedem Einzelnen. Kein Pfennig darf unnütz ausgegeben werden! Zu Sparsamkeit und Einfachheit muß insbesondere die heutige Jugend erzogen werden; hier mitzuarbeiten ist wichtige Pflicht der Eltern, der Schule und Kirche. Alle Kräfte gilt es zusammenzufassen, um durch Arbeitsamkeit und Sparsamkeit dem deutschen Volke eine bessere Zukunft zu sichern. Wer spart hilft der Allgemeinheit!« Die Devise vom Sparen für das öffentliche Wohl war lange Zeit Devise der Politik, sie wurde vielfach in Plakaten der Sparkassenorganisationen variiert. Das Plakat von Spethmann steht unter dem Motto »Wer den Pfennig nicht ehrt, ist des Talers nicht wert«. In der Mittelachse des Plakats liegt ein riesiges Pfennigstück auf einer Bordsteinecke. Ihre Kanten laufen V-förmig exakt auf das Sparkassen-S der Legende im unteren Drittel des Plakats zu. Dadurch wird optisch eine Verbindung in der Mittelachse zwischen dem Reichspfennig und der Legende »Spare bei der Sparkasse« hergestellt. Die Bordsteinkanten wirken wie ein Pfeil. Seine Richtung gibt an, wohin der Pfennig gehört: nicht auf die Straße, sondern zur Sparkasse. Damit wird dem Betrachter unmißverständlich

In der »Deutschen Sparkassenzeitung« von 1925 hieß es dazu: »Den allgemeinen Forderungen bei der Beurteilung guter Gebrauchsgraphik, ebenso dem besonderen Zweck des Ausschreibens entsprechen von den eingegangenen Entwürfen so wenige, daß die Verteilung der ausgesetzten Preise nur mit Rücksicht auf die rechtlichen Bestimmungen, wie sie sich aus der Fassung des Preisausschreibens ergaben, erfolgt ist. Von einer Verwertung der preisgekrönten Entwürfe ist aus obigen Gründen abgesehen worden.«

Einer der zahlreichen Entwürfe hat den Rezensenten beeindruckt. Er schreibt: »Ein anderer Künstler hat sogar in mehreren Entwürfen krampfhaft versucht, die Wortähnlichkeit von ›Giro‹ mit ›Giraffe‹ propagandistisch auszunutzen, um durch den ungewöhnlichen Anblick des Tieres einen eigenartigen Blickfang zu liefern.«

deutlich gemacht, daß nur wer im Kleinen spart, später einmal Geld haben wird. Diese klare Aussage wird durch den fast photographisch exakten Darstellungsstil noch unterstützt.

Mit der Wirtschaftskrise 1929 änderte sich die Situation in Deutschland grundlegend. Der Kurssturz an der New Yorker Börse am 24. Oktober 1929 wirkte sich auf die ohnehin durch die Reparationszahlungen schwierige Finanzlage in Deutschland verheerend aus. 1929 kam Deutschland mit diesen Zahlungen so weit ins Hintertreffen, daß sogar ein neuer Zahlungsplan (Youngplan) notwendig wurde. Die durch die Wirtschaftskrise ausgelöste Massenarbeitslosigkeit trug zu einer weiteren Radikalisierung der Politik bei. Im Sommer 1931 lösten die Banken keine Reichsmark in Goldbarren oder Devisen mehr ein. Die Wirtschaftskrise eskalierte zur Staatskrise, die 1933 schließlich zur Machtergreifung der Nationalsozialisten führte. Alle Wirtschafts- und Lebensbereiche wurden »gleichgeschaltet«, Berufsorganisationen und Verbände gemäß der Ideologie von der Volksgemeinschaft in ständischen Korporationen zwangsvereinigt. Reibungslos verlief dieser Gleichschaltungsprozeß freilich nicht immer. Der Dachverband der Sparkassen konnte sich innerhalb der »Reichsgruppe IV Banken« als »Wirtschaftsgruppe Sparkassen« behaupten, war allerdings, wie auch die landwirtschaftlichen Kreditgenossenschaften innerhalb des »Reichsnährstandes«, in das neue Herrschaftssystem eingebunden. 1934 wurde der staatliche Einfluß durch das »Reichsgesetz über das Kreditwesen« festgeschrieben: Die Banken und Sparkassen büßten ihre Selbständigkeit ein und wurden später mit diesem Gesetz in den Dienst der staatlichen Kriegsfinanzierung gestellt.

Für die Nationalsozialisten war das Plakat schon früh ein wichtiges Mittel ihrer Propaganda. Die Partei nahm bewußt Motive aus der Ikonographie der Sozialdemokraten auf, füllte sie aber mit neuem Inhalt, um besonders die Arbeiter auf ihre Seite zu ziehen. Das von Joseph Goebbels 1933 gegründete Reichsministerium für Volksaufklärung und Propaganda übernahm auch die zentrale Kontrolle über die Plakatwerbung der Sparkassen. War diese vor 1933 technisch und künstlerisch gut gestaltet, so blieb sie dennoch von nachrangiger Bedeutung, da die Sparkassen die »seriösere« Inseratenwerbung bevorzugten. Das änderte sich nun.

Schon 1933 wurde Sparen zur nationalen Pflicht erhoben. In diesem Jahr wurde der 1924 eingeführte Weltspartag in »Nationaler Spartag« umbenannt. Er stand unter dem Motto »Spargeld schafft Arbeit und Brot – Geld hamstern ist Sabotage am nationalen Aufbau«. 1935 wurden für den »Nationalen Spartag« erstmals zentral Plakate ausgegeben. Mit dem Slogan »Erst Sparen, dann Kaufen« sollten breite Bevölkerungsschichten dazu erzogen werden, nicht Kredite zu nehmen, sondern im Hinblick auf die Zukunft zu sparen.

Sparen als nationale Pflicht

Ein Plakat von Otto Arpke für die Juni-Aktion 1939 illustriert diesen Gedanken. Es zeigt oben in der Mitte einen Heimspartresor, die damals übliche Sparbüchse, von dem ein Bündel gelber Strahlen in den Vordergrund ausgeht. Darauf sind in kreisförmigen Bildausschnitten die zukünftigen Sparziele arrangiert, die mit dem Heimspartresor einen Kreis um das Motto »dann kaufen« bilden. Die Präsentation der ersehnten Objekte in Kreisform vermittelt dem Betrachter den Eindruck, wie durch ein Fernrohr in die Zukunft zu blicken: er sieht dort das Eigenheim, die Nähmaschine, Küche, Wohnzimmer, Auto und Reisen. Das waren offensichtlich die Wünsche der damaligen Zeit, besseres Wohnen und ein bißchen Luxus. Im Stil der Neuen Sachlichkeit gemalt, erscheinen diese Träume sehr real. Die gelben Strahlen zeigen den Weg, wie diese Wünsche erfüllt werden können: nämlich durch Sparen.

Das Bestreben der Sparkassenwerbung, alle Bevölkerungsschichten anzusprechen, korrespondierte zwar mit der offiziellen Propaganda von der großen Einheit des deutschen Volkes, verankert war es freilich in der traditionellen Nähe der Sparkassen zu den Mittel- und Unterschichten. Die Volksgemeinschaft stellt der österreichische Plakatkünstler Lois Gaigg, der 1938 das Sparkassen-S entwarf, in seinem Plakat »Deutschland arbeitet und spart« visuell dar. In ovaler Form sind um das Motto des Plakats herum Personen aus verschiedenen gesellschaftlichen Schichten gruppiert: die Sekretärin, der Konstrukteur, die Mutter mit Kind, der pflügende Bauer, die Bäuerin bei der Ernte und der Schmied. Auf dem oberen Scheitel des Ovals, vor dem pflügenden Bauern und der aufgehenden Sonne, steht etwas kräftiger gezeichnet ein Soldat mit geschultertem Gewehr, der diese Menschen und ihre Arbeit beschützt. Er befindet sich genau in der Mittelachse des Plakats, auf der auch das Motto und ein mit Eichenblättern verziertes Sparkassenbuch liegen. Dadurch wird die herausragende Stellung des Soldaten in der Kriegszeit betont. Gaigg bleibt in der Farbgebung äußerst zurückhaltend und wählt vor allem Braun- und Gelbtöne. In der Zeichnung ahmt der Gestalter den Holzschnitt nach und verweist damit auf ein künstlerisches Verfahren, das in Deutschland eine lange und große Tradition besitzt. Im Dritten Reich wurde es als die deutsche Drucktechnik schlechthin angesehen. Das leuchtend rote Sparkassenbuch hebt sich deutlich gegenüber den restlichen Motiven ab. Hier schließt sich der Kreis der Motive, denn es

Zur Entwicklung des Sparkassen-S siehe auch Seite 156

GESCHICHTE DES SPARKASSENPLAKATS: 1924–1945

Wer den Pfennig nicht ehrt
ist des Talers nicht wert
Spethmann, vor 1945

Deutschland arbeitet
und spart
Lois Gaigg, vor 1945

Erst sparen
dann kaufen
Otto Arpke, 1939

verbindet den Spargedanken mit der Idee des nationalen Wohls, wie es die Eichenblätter nahelegen.

Besonders während des Krieges war es für den nationalsozialistischen Staat wichtig, Sparen weiterhin als sinnvoll und notwendig darzustellen, denn das bei den Sparkassen eingelagerte Kapital wurde zur Kriegsfinanzierung verwendet. Die Werbung diente also dazu, das Spargeschäft zu intensivieren. Um das Vertrauen in die Sicherheit der Spargelder auch während des Krieges zu erhalten, veröffentlichen die Sparkassen Flugblätter und Broschüren mit den Reden namhafter Persönlichkeiten. So kam z. B. die Rede von Reichswirtschaftsminister Funk anläßlich des 125. Jubiläums der Sparkasse der Stadt Berlin in Umlauf. Er versprach: »...Der Kriegssparer hat aber eine doppelte Chance. Er sichert seine Zukunft durch den Besitz von Kapital, und er wird mit seinem ersparten Gelde nach dem Kriege besser, billiger und mehr kaufen können als heute, denn es wird dann wieder ein gesunder Leistungswettbewerb aufleben... Wer spart hat Vertrauen in die Zukunft... Vertrauen und nationale Disziplin sind Grundpfeiler, auf denen die Sicherung unserer Währung und damit auch die Sicherheit der Sparguthaben des deutschen Volkes beruhen.«

Schon damals war die Frau ein bevorzugtes Werbeziel der Sparkassen. Im Werbeplan für das Jahr 1939 drückt sich dies folgendermaßen aus: »Sparsame Haushaltsführung ist das Gebot der Stunde, ist Dienst am Volk. Die Sparkassen sind in erster Linie dazu berufen, der Hausfrau als Verwalterin des weitaus größten Teiles des deutschen Volkseinkommens ihre beständige Aufmerksamkeit zuzuwenden... Die Frau und Mutter weckt und pflegt zugleich die Tugend der Sparsamkeit im Kinde und erhält die Sparidee in der Familie lebendig...«

»Vorsorgen – Sparen« ist der Titel eines Plakats von Arno Drescher, das die Frau bei ihrer hausfraulichen Tätigkeit zeigt. Bekleidet mit einer Haushaltsschürze, steht sie vor einem Regal mit Einmachgläsern. Vor ihr auf dem Tisch befindet sich eine Schüssel mit Äpfeln und Birnen, die für die schon bereitgestellten Einweckgläser bestimmt sind. In der Hand hält sie das rote Sparkassenbuch, das wohl auf den Kreis von Haushalten, Vorratshaltung und Sparen verweist. Da Sparsamkeit als nationale Tugend aufgefaßt wurde, stellt die sparsame Hausfrau das dazu passende Werbebild dar.

Sie findet sich auch auf einem anderen Plakat mit dem Titel »Die Hausfrau dreht den Pfennig um sie spart ihn, denn sie weiß warum!« Es zeigt nur den Oberkörper einer Frau, die zwischen ihren Fingern einen Pfennig hält. Das Kopftuch weist sie als Hausfrau aus. Doch nur Kopf, Hände und Gesicht sind plastisch dargestellt. Die weiße Bluse ist durch

Vorsorgen – Sparen
Arno Drescher, 1941

Der Spargedanke als Teil der nationalsozialistischen Ideologie

GESCHICHTE DES SPARKASSENPLAKATS: 1924–1945

Die Hausfrau dreht den Pfennig um,
sie spart ihn, denn sie weiss warum!
Hans Wagula, vor 1945

Einteilen, haushalten, sparen
Hausfrauenbrauch bewahren!
Lois Gaigg, 1940

feine Umrißlinien angedeutet. Dadurch wird der farbliche Kontrast zwischen ihrer gesunden Hautfarbe und dem roten Kopftuch hervorgehoben. Von links oben, wohin sie den Pfennig hält, kommt das Licht, scheint die Sonne auf ihr lachendes Gesicht. Dieses Licht ist als quasi überirdische Zustimmung zu ihrem Handeln zu verstehen. Der Einsatz von Licht als Möglichkeit, transzendentes Handeln oder Präsenz bildlich darzustellen, kommt aus der Tradition religiöser Kunst. Hans Wagula übernimmt dieses Darstellungsmittel auf seinem Plakat und überträgt dadurch überirdische Weihe auf das »weltliche« Handeln der Frau.

Der Stil der beiden zuletzt genannten Plakate ist typisch für die Kunst im Nationalsozialismus. Auf den ersten Blick realistisch, entpuppt er sich bei genauerem Hinsehen als eine stilisierte Ausdrucksweise. Stilisierung und Abstraktion sind Merkmale des Plakats seit 1900 und kennzeichnen das Bemühen der Plakatgestalter, die Werbeaussage verständlich und visuell einprägsam umzusetzen. Die Konturlinien wurden vereinfacht und das Motiv flächig präsentiert. Damit einher ging eine starke Hell-Dunkel-Modellierung. Dieser flächige Stil mit der starken Hervorhebung der Schatten findet sich auch auf den Plakaten dieser Zeit wieder. Personen und Gegenstände wurden nach der herrschenden Ideologie ausgewählt und stellen Idealbilder vor. Die Motive sollten zeitlos sein, ewige und unverbrüchliche Wahrheiten verkünden und eine Vorstellung von Wirklichkeit verbreiten, wie sie der Nationalsozialismus wünschte. Diese Wirklichkeit jedoch war im Alltag der Menschen nirgendwo zu finden.

Dieser Stil zeichnet sich durch große, klare Flächen, fast grobe Formen, typische Züge der dargestellten Menschen, harte Umrißlinien und plastische Deutlichkeit aus. Dieser Stil sollte für die nächsten Jahre das Repertoire der Künstler bestimmen. Gleichzeitig findet durch die monumentale Darstellungsweise das martialische Ideal dieser Zeit seine Form. Sie äußert sich unter anderem darin, daß Menschen überlebensgroß und in der Untersicht präsentiert sind. Dramatische Lichtführung, die religiöser Kunst entlehnt ist, kleidet einfache Handlungen metaphysisch ein. Sie werden pathetisch und heroisch dargestellt.

Die Frauen werden auf den Plakaten nicht nur in ihrer Eigenschaft als Hausfrau, Verwalterin des Geldes, sondern vor allem auch als Mütter angesprochen. An mütterliche Instinkte appellieren Entwürfe mit Babys und Kindern. Ein Beispiel dafür ist das Plakat »sein erstes Buch«. Ein etwa zwei Jahre altes strahlendes Kind sitzt mit dem Rücken zum Betrachter, schaut ihn aber über die Schulter hinweg direkt an. In den

GESCHICHTE DES SPARKASSENPLAKATS: 1924–1945

sein erstes Buch!
vor 1945

…schon immer
Das Schatzkästlein
der Familie
Hans Moldenhauer, 1939

Die Sparkasse für
jedes Heim!
Hans Wagula, vor 1945

Händen hält es ein riesiges, rotes Sparkassenbuch, das zusammen mit einer blauen Fläche rechts eine dynamische V-Form bildet. Von links, die Richtung, in die das Sparkassenbuch zeigt, kommt das Licht und überhöht das Geschehen zusätzlich. Das Kind soll Väter und Mütter ansprechen, sie dazu auffordern, nicht nur die eigene Zukunft im Alter, sondern auch die Zukunft der Kinder zu sichern. Ein solch »süßer Fratz« konnte seine Wirkung auf den Betrachter nicht verfehlen.

Der Zusammenhalt der Familie und familiäre Tradition wurden ebenfalls wirksam für die Werbung eingesetzt. Hanne Boht zeigt auf ihrem Plakat »Spargeschenkgutschein« drei Gruppen von Familienmitgliedern, die durch einen großen Spargutschein verbunden sind: der Vater gibt ihn seinem Sohn, der Ehemann seiner Frau und die Oma ihrer Enkelin. Die bekannten Typen verschiedenster Familienmitglieder sind hier sehr klein und stilisiert dargestellt.

Neben den Frauen wurden vor allem auch die Jugendlichen angesprochen. Wie die Schulsparplakate zeigen, unternahmen die Sparkassen große Anstrengungen, die Jugend zu erreichen. Nach den Frauen und Jugendlichen waren schließlich die Männer Ziel der Werbeaktivitäten. An sie wendet sich vor allem die Girowerbung, die – wie bereits erwähnt – besonders intensiviert wurde. Hier wurden in stilistischer Hinsicht ebenfalls neue Wege beschritten. Auf dem Plakat »Bargeldlos zahlen« erscheint der erfolgreiche Geschäftsmann am Schreibtisch, der mit der Girokarte seine Geldangelegenheiten regelt. Der Mann von Welt raucht Pfeife und zahlt per Überweisung. Durch die extreme Hell-Dunkel-Modellierung ist der Körper und vor allem das markante Gesicht hervorgehoben. Erstaunlicherweise zeigt der Hintergrund des Plakats Arbeitsspuren des Malers, also einen Einfluß abstrakter Malerei. Ebenso ungewöhnlich ist, daß 1940 ein Zivilist und Geschäftsmann dargestellt wird. Hier zeigt sich die besondere Stellung der Werbung für den Giroverkehr, selbst noch während des Krieges.

Im Gegensatz zu Eduard Baudrexels Entwurf arbeitete Hans Moldenhauer auf seinem Plakat »Bezahlen ohne Bargeld«, das ebenso für das Spargiroangebot wirbt, mit Typisierungen. Es zeigt eine Reihe von kleinen Kabinen, deren Wände von riesigen Spargirokarten gebildet werden. In diesen Kabinen üben verschiedene Personen ihre Berufe aus: der Bauer, Techniker, Handwerker und der Arzt. Von einer vergrößerten Girokarte gehen Strahlen aus, die jeweils in eine dieser Kabinen treffen. Alle diese Strahlen gehen von jener Stelle der Karte aus, an welcher der Überweisungsbetrag eingesetzt werden muß. Darauf ist auch ein Federhalter gerichtet, der dem Betrachter deutlich macht,

Siehe Seite 92

Siehe Seite 75

GESCHICHTE DES SPARKASSENPLAKATS: 1924–1945

Spare für dein Kind
Lois Gaigg, 1940

Spart für Eure Kinder
vor 1945

GESCHICHTE DES SPARKASSENPLAKATS: 1924–1945

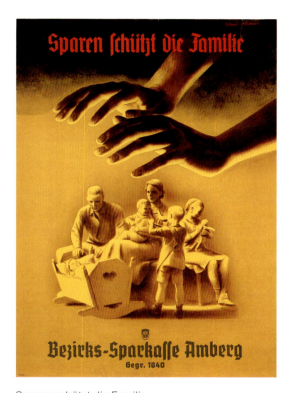

Sparen schützt die Familie
Januar 1938

Spargeschenkgutschein
Hanne Boht, vor 1945

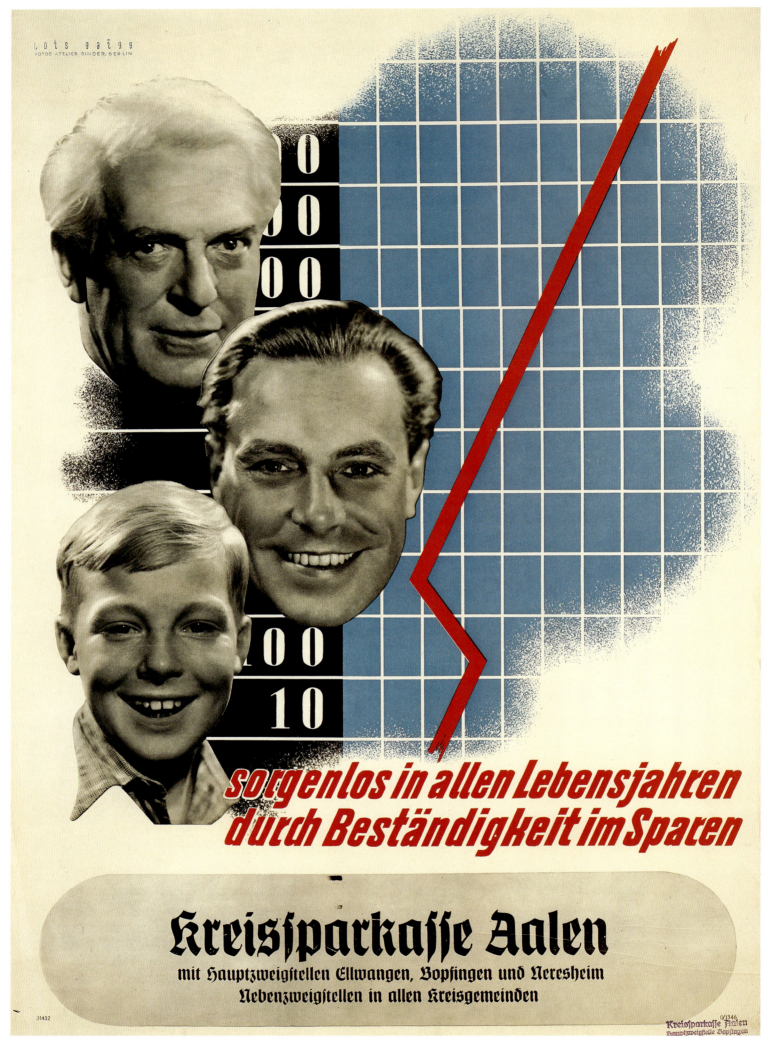

sorgenlos in allen Lebensjahren… Lois Gaigg, vor 1945

GESCHICHTE DES SPARKASSENPLAKATS: 1924–1945

Bargeldlos zahlen
Eduard Baudrexel, vor 1945

Bezahlen ohne Bargeld
Hans Moldenhauer, 1941

Bargeldlos zahlen…
Hans Wagula, 1941

Jeder zweite Deutsche…
Berlin 1940

Die Zeit enteilt – spare beizeiten!
Lois Gaigg, vor 1945

Die Ernte ist geborgen…
Lois Gaigg, vor 1945

wie einfach und bequem der Giroverkehr zu handhaben ist und wie einfach die dargestellten Leistungen bezahlt werden können. Auffällig ist an dem Plakat, daß weder Frauen- noch Fabrikarbeit gezeigt wurde, was damals der Alltagsrealität besser entsprochen hätte.

Beide fehlen auch bei einem anderen Plakat von Moldenhauer zum Thema »Jeder zweite Deutsche besitzt das Sparkassenbuch einer öffentlichen Sparkasse«. Darauf sind in mehreren Reihen übereinander Personen aus ganz unterschiedlichen sozialen und beruflichen Gruppen dargestellt. Jede hat eine zweite Person aus der eigenen Schicht neben sich, die als ihr Schatten fungiert. Diejenigen, die ein Sparkassenbuch besitzen, sind farbig dargestellt. Nur Handwerk, Dienstleistungsgewerbe und geistige Arbeit sind zu sehen. Das verbindende Glied zwischen all diesen Schichten ist das Sparkassenbuch.

Unter den Plakaten der dreißiger und vierziger Jahre zeigen jene von Lois Gaigg die größte stilistische Vielfalt. Aus dem Gros der Sparkassenplakate aus der Zeit des Dritten Reiches fällt seine Arbeit »sorgenlos in allen Lebensjahren durch Beständigkeit im Sparen« heraus. Vor einem Leistungsdiagramm mit aufsteigender Tendenz sind die Photoporträts dreier Generationen montiert. Großvater, Vater und Sohn schauen lachend den Betrachter an, denn sie haben für die Zukunft vorgesorgt. Durch den Einsatz der Photographie vermittelt das Plakat ein realistisches Bild der Generationen, mit dem sich alle Großväter, Väter und Söhne identifizieren können. Sie sollten sich angesprochen fühlen und die Zukunft ihrer Familien sichern.

Auf dem Plakat »Die Zeit enteilt – spare beizeiten!« orientierte sich Gaigg eher am Jugendstil, der seine Hochblüte um 1900 erlebte. Es zeigt die allegorische Figur der Zeit – erkennbar an der Sanduhr in ihrer Hand –, die nach links wegzufliegen scheint. Ihr dünnes Gewand, das hinter ihr herflattert, macht das Moment der Bewegung deutlich. Die Stilisierung der Form, die plastische Schattenmodellierung und die ausschließliche Verwendung von Blautönen lassen sie beinahe als steinerne Figur, als Monument erscheinen. Ihr Körper liegt in der Diagonale des Plakats, die Beine ruhen in der rechten unteren Ecke, in der sich als haltendes Moment ein Sparkassenbuch befindet. Damit wird deutlich, daß nur das Sparen Sicherheit in den Wechselfällen der Zeit bietet. Der Rückgriff auf die Allegorie, die Darstellung der Zeit durch eine weibliche Figur, gibt dem Plakat eine metaphysische Überhöhung, die dem Denken der Zeit entspricht.

Gaigg setzte unterschiedliche Stile und Mittel jeweils dem Zweck des Plakats entsprechend ein. Für das Plakat »Die Ernte ist geborgen, Sparen bewahrt, was Arbeit gewann«, das sich ganz gezielt an Bauern

GESCHICHTE DES SPARKASSENPLAKATS: 1924–1945

richtete, lehnte er sich dabei stärker an den expressionistischen Stil an. Die Modellierung der Körper durch schwarze Strichbündel erinnert wiederum an einen Holzschnitt. Gleichzeitig unterstreicht diese Modellierung die Bewegungen der Körper. Die Menschen, die Gaigg hier zeigt, sind sehr kräftig. Das wird besonders deutlich am Bauern, der mit fester Hand die Pferde bändigt, und der beherzt ausschreitenden Bauersfrau mit dem Rechen und den bloßen Füßen. Die Bauernfamilie ist gerade dabei, ihren gefüllten Erntewagen, der von zwei Pferden gezogen wird, nach Hause zu bringen. Der Titel des Plakats wandelt das Motto des *Tages der Nationalen Arbeit,* des 1. Mai 1939, ab, das lautete: »Sparen bewahrt, was Arbeit gewann.«

Viele Plakate arbeiten ausschließlich mit Symbolen, wobei durch Kombination wohlbekannter Symbole untereinander die Werbeaussage in leicht verständlicher Form den Adressaten nahegebracht wird. Viele dieser Symbole stammen aus dem Bereich der Natur oder der Landwirtschaft. Wobst verwendete auf seinem Plakat »Spare – es lohnt sich!« das Bild der Honig sammelnden Biene vor dem Bienenkorb, die aber nun statt Honig Markstücke sammelt. Die Formen sind sehr vereinfacht, Münzen und Biene vergrößert dargestellt. Der Fleiß der Biene wird den Sparern zum Vorbild empfohlen. Im Bild der Landwirtschaft bleibt Moldenhauer auf seinem Plakat »Wer sät, erntet«. Er läßt aus der Mitte des Plakats aus einer 10-Pfennig-Münze einen riesigen goldenen Halm mit Münzenähren wachsen, der vor einer Landschaft mit Hügeln, Wiesen, Kornfeld und einem kleinen Dorf aufragt. Durch Kombination mit der Landschaft wird das Wachstum in der Natur, die Aktivität von Säen und Ernten auf den Bereich des Sparens übertragen. »Die reifende Frucht auf den Feldern ist Symbol für das Anwachsen der Spargelder durch beharrliches Sparen und die treibende Kraft der Zinsen« (Werbeplan 1939).

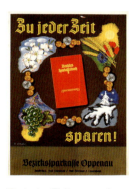

Zu jeder Zeit sparen!
Heinz W. Böttger, 1941

Heinz Walter Böttger zeigt auf seinem Plakat »Zu jeder Zeit sparen!« einen Kranz mit Blumen, Früchten, Korn, Schnee und Tannenbaum, der die Jahreszeiten symbolisiert. In der Mitte dieses Kranzes steht das Sparkassenbuch. Die Münzen, welche die einzelnen Symbole miteinander verbinden, zeigen, daß jede Jahreszeit die richtige zum Sparen ist. Die Kreisform ist bei den Plakatgestaltern besonders beliebt, denn sie macht offensichtlich, daß Sparen wie die Geldmünzen eine »runde Sache« ist.

Tradition bewahren…
Bruno Karberg, vor 1945

In der Zeit vor 1945 wurden Motive verwendet, die eine gewisse Tradition innerhalb der Sparkassenwerbung erreichten und nach dem Zweiten Weltkrieg bruchlos weitergeführt wurden. Als Beispiel seien hier die Plakate erwähnt, die für das Motto »Tradition bewahren, bei der

GESCHICHTE DES SPARKASSENPLAKATS: 1924–1945

Wer sät, erntet!
Hans Moldenhauer, 1939

Spare – es lohnt sich!
Wobst, 1936

GESCHICHTE DES SPARKASSENPLAKATS: 1924–1945

Gut bedient und gut beraten…
vor 1945

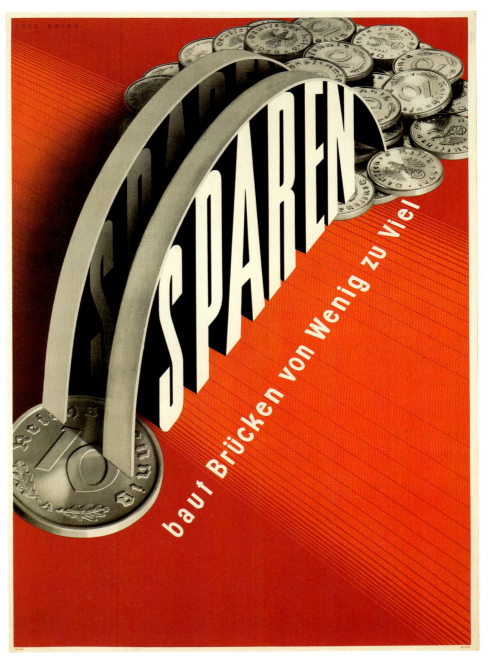

Sparen baut Brücken
von Wenig zu Viel
Lois Gaigg, vor 1945

Mit einer Mark beginnen…
Otto Stanzig, vor 1945

Sparkasse sparen« entstanden sind. Der Taler und die jahrhundertealte Sparbüchse im Plakat von Bruno Karberg ziehen ebenso durch die Zeiten, wie das Bild des Geldbaumes, der aus einer Münze wächst, oder das glückverheißende vierblättrige Kleeblatt. Zeitlos ist auch die Brücke als Symbol für das Sparen: Sparen bildet eine Brücke zum Ziel, zum Haus, zur Reise, zum Möbelkauf etc. Lois Gaigg verwendet die Brücke auf seinem Plakat »Sparen baut Brücken von Wenig zu Viel«. Das Plakat ist äußerst dynamisch aufgebaut. Diagonale Linien von links oben nach rechts unten bündeln sich zu einem Fluß, der von einer Brücke überspannt wird, die aus den Buchstaben des Wortes »Sparen« gebildet ist. Ihr Pfeiler am einen Ufer besteht aus einer 10-Pfennig-Reichsmünze, am anderen Ufer gleich aus einer ganzen Menge. In knapper Form ist der Gedanke des Sparens gleich zweifach visualisiert: im Geldwachstum und in der Brücke.

Zu Weihnachten ein Spargeschenk, vor 1945

Motive der Zeit

Die Rolle der Frau

Die zentrale Lenkung und staatliche Kontrolle der Kultur führte dazu, daß auch die Sparkassenwerbung auf die nationalistische Ideologie verpflichtet wurde. Dabei stand besonders die Propagierung des nationalsozialistischen Menschenbilds im Mittelpunkt. Dieses wurde vom männlichen Standpunkt aus definiert, der eine klare Rollenverteilung der Geschlechter vorsah. Adolf Hitler beschrieb 1932 das Wesen und die Aufgabe der Frau wie folgt: »Die Frau ist durch ihre Natur und das Schicksal Gefährtin des Mannes auf Lebenszeit. Mann und Frau sind nicht nur Kameraden in der Arbeit. Gerade wie die wirtschaftliche Evolution über Jahrtausende den Arbeitsbereich des Mannes veränderte, genauso hat sie auch das Handlungsfeld der Frau geändert. Über und jenseits der Notwendigkeit zu gemeinsamer Arbeit steht die Pflicht, die Frau und Mann in der Erhaltung der menschlichen Rasse teilen. In dieser edelsten Aufgabe der Geschlechter finden wir die Wurzeln ihrer besonderen Gaben, die die Vorsehung in ewiger Weisheit ihnen für alle Zeit gegeben hat. Wie weit auch immer wir dies Arbeitsfeld der Frau bestimmen, der Aufbau einer Familie wird immer das Hauptziel ihrer körperlichen und geistigen Entwicklung sein. Die Familie ist die kleinste, aber wertvollste Einheit in der ganzen Staatsstruktur. Arbeit ist Ehre für Mann und Frau, aber ein Kind adelt die Mutter.«

Hinter dieser Beschreibung der Geschlechterrollen steht die Vorstellung, daß die Frau dem Manne untergeordnet und ihm ein Leben lang treu bleiben sollte. Es war ein Ideal des einfachen und schlichten Wesens der Frau, das an nordischen Mythen und germanischen Rassen-

1924–1945: MOTIVE DER ZEIT

vorstellungen orientiert war, und das ihr Dasein allein auf die Rolle als Mutter und Hausfrau reduzierte. Zu dieser scheinbar urweiblichen Bestimmung wollte sie der nationalsozialistische Staat mit den entsprechenden Maßnahmen zurückführen. Der Anteil der Studentinnen sollte 10% nicht übersteigen, und den arbeitenden Frauen wurden Ehestandsdarlehen angeboten, die mit der Aufgabe des Berufes verknüpft waren. Dadurch wollte der Staat verhindern, daß es Doppelverdiener in den Familien gab. Er »befreite« die Frau selbst von der ihrer Natur widersprechenden Arbeit in politischen Gremien, was bedeutete, daß Frauen nicht mehr wählbar waren. Diese Vorstellung von der Rolle der Frau fand selbstverständlich ihren Niederschlag in der Darstellung der Körper. Die Künstler orientierten sich entweder an nordisch-germanischen oder griechischen Vorlagen. Frauengestalten wie die Uta am Bamberger Dom oder antike Venusdarstellungen gehörten zu den beliebtesten Vorbildern. Daher sind in der nationalsozialistischen Kunst nur perfekte Gesichtszüge und vorzugsweise der blonde, nordische Typ der Frau zu sehen.

Dieses Ideal der Hausfrau und Mutter schlug sich auch auf den Sparkassenplakaten nieder. Die beiden bereits besprochenen Exemplare von Wagula und Drescher zeigen zwei Hausfrauen, die im Bewußtsein ihrer Verantwortung den Haushalt führen. Sie vertreten den gesunden, starken Frauentyp, der als Ideal der blonden, germanischen Rasse propagiert wurde. Derselbe Typus ist auch auf dem Plakat von Ludwig Hohlwein zu finden, das den Titel »Das Sparen der Frau ist Dienst am Volk« trägt. Wie wichtig die Aufgabe des Sparens ist, zeigen rechts und links hinter ihr die Masse der Soldaten und Zivilbevölkerung. Vor ihnen ragt sie wie eine Riesin auf, die Heimsparbüchse fest in ihrer Hand haltend. Ihre Größe macht deutlich, wie wichtig verantwortungsvolles Handeln und Sparsamkeit jeder einzelnen Frau beim »nationalen Aufbau« sein sollten. Mit diesem Bild sollte an mütterliche Instinkte der Frau appelliert und zur Identifikation aufgefordert werden. Auf dem Plakat vom Juli 1939 »Auch für Dein Jüngstes ein Sparkassenbuch« lacht dem Betrachter eine Mutter entgegen, die ihr Kind in den Armen hält. Der Entwurf ist in weichen Pinselstrichen ausgeführt, so daß das Plakat dadurch ein Aussehen von Wärme und Weichheit bekommt. Darstellungen der Mutter mit Kind wie diese sind säkularisierte Formen der Maria mit Kind, von welcher eine Aura der Barmherzigkeit, Unbeflecktheit und Leidensfähigkeit ausgeht.

Ein anderes, auf Gemälden häufig vorkommendes Frauenbild war die junge, nackte Frau, die am Anfang ihrer »Reifezeit« steht. Nun

Siehe Seite 68

Das Sparen der Frau
ist Dienst am Volk
Ludwig Hohlwein, 1939

Auch für Dein Jüngstes
ein Sparkassenbuch
vor 1945

Frauen schaffen
Frauen sparen
Dörfel, vor 1945

Erspartes Geld erfüllter Traum. Hans Moldenhauer, 1938

sind Sparkassenplakate nicht der Ort für Aktdarstellungen. Jedoch eine Ahnung von diesen nackten Schönheiten gibt uns das weiter oben bereits besprochene Plakat von Lois Gaigg »Die Zeit enteilt – spare beizeiten«. Die kühle Schönheit der jungen Frau, die an griechischen Statuen orientiert ist, ihre ebenmäßigen Gesichtszüge, ihr makelloser, überlängter Körper und ihre grazile Bewegung können wir auch an der allegorischen Gestalt erkennen, zumal ihr Körper nur unzureichend von einem Schleier verdeckt wird.

Siehe Seite 75

Beide Ideale, die junge, erwachsen werdende Kind-Frau und die Hausfrau und Mutter, entsprachen nicht der Realität. Diese Plakate sollten den Wunsch suggerieren, so zu sein und zu handeln wie die dargestellten Frauen. Der Realitätsbezug dieser Plakate enthält darüber hinaus eine besondere Komponente. Die Kunst sollte nicht die Wirklichkeit darstellen, sondern darüber hinwegtäuschen und ein erstrebenswertes politisches Ideal formulieren, von dem angenommen wurde, daß es auf die Realität rückwirkte und sie umformte. Dieses Ideal wurde »von oben«, von der nationalsozialistischen Ideologie bestimmt und stand teilweise in Diskrepanz zu den bürgerlichen Idealen der Zeit.

In zunehmendem Maße mußten die Frauen ihre Männer, die im Krieg waren, in den Betrieben ersetzen. 1944 waren 15 Millionen Frauen berufstätig. Dennoch wurde die Frau an der Werkbank, bei ihrer Arbeit in der Kriegsindustrie, nicht dargestellt. Eine Ausnahme stellt das Plakat von Dörfel »Frauen schaffen, Frauen sparen« dar. Es zeigt eine Arbeiterin an einer Drehbank vor einem sechsteiligen Fabrikfenster sitzend. Die Farben des Plakats sind sehr zurückhaltend gewählt, nur Weiß-, Blau- und Violett-Töne wurden verwendet. Allein schon dadurch unterscheidet sich dieses Plakat von den vorher besprochenen, die Hausfrauen in frischen, kräftigen Farben zeigen. Frau und Maschine sind in denselben Farben gestaltet. Dadurch werden sie als Einheit dargestellt, was der ideologisch der Frau zugewiesenen Rolle völlig widerspricht. Offensichtlich übernimmt Dörfel die Stilmittel beliebter Darstellungen, die Mann und Maschine gleichsetzen, und überträgt sie auf das Thema Frau und Maschine. Denn der Not gehorchend mußten die arbeitenden Frauen angesprochen werden. Doch ist ein Plakat mit diesem Thema im Dritten Reich eher ungewöhnlich und selten, da hier der Bezug zur Wirklichkeit gegenüber dem reinen Propagandazweck überwiegt.

1924–1945: MOTIVE DER ZEIT

Die Rolle des Mannes

Die Rolle, die der Frau in der Gesellschaft zugewiesen wurde, läßt schon erkennen, wie die des Mannes definiert wurde. Er galt als Oberhaupt der Familie, als ihr Ernährer und ihr Beschützer. Das bereits besprochene Plakat von Lois Gaigg »Sorgenlos in allen Lebensjahren, durch Beständigkeit im Sparen«, das die Photoporträts der Männer verschiedener Generationen aus einer Familie zeigt, bringt zum Ausdruck, daß den Männern die Verantwortung zur Sicherung der Zukunft zugesprochen wurde. Wohl deshalb findet sich in der Zeit bis 1945 kein Spargiro-Plakat, das sich an Frauen wendet. Im Bereich des Sparens ist die Frau die Ansprechpartnerin, doch Geldanlage und der aktive Zahlungsverkehr gelten als Sache des Mannes. Bemerkenswert ist am Plakat von Gaigg, daß es kein besonderes Pathos in der Darstellung zeigt. Auch das Plakat von Baudrexel »Bargeldlos zahlen vom Schreibtisch aus durch Spargiro«, das ebenfalls bereits erwähnt wurde, läßt nichts vom heroischen Pathos der nationalsozialistischen Kunst spüren. Die Girowerbung im Krieg, die allerdings später eingestellt wurde, stellt insofern eine Besonderheit dar.

Siehe Seite 74

Siehe Seite 75

Ganz der vorherrschenden Ideologie verpflichtet ist das Plakat von J. B. Leuger, das den Sparkassen 1937 für die Mai-Werbung angeboten wurde. Es zeigt die Trias von Konstrukteur, Schmied und Bauer, die Einheit von geistiger und körperlicher Arbeit. Alle drei Männer sind kräftig, braungebrannt und tragen markante Gesichtszüge. Sie stehen so eng beieinander, daß – wenn sie nicht unterschiedlich aussehen würden – die drei als Stufen der Bewegung eines einzigen Körpers von links nach rechts verstanden werden könnten. Die mittlere Figur, der Schmied, ragt etwas über die anderen hinaus. Die Köpfe der drei sind in ein Dreieck eingeschrieben. Der Hintergrund ist um die Figuren herum heller gestaltet als auf dem restlichen Plakat, so als ob ein überirdisches Licht sie bescheinen würde. Die Gruppe ist dem Betrachter in Untersicht präsentiert, er blickt von seinem Standpunkt aus direkt auf die Knie der Männer. So erscheinen die drei als exponierte Vertreter verschiedener Berufsgruppen, die die Grundlage des Staates darstellen sollten. Der Titel des Plakats »Es ist von jeher deutscher Brauch: Schaffende Hände sparen auch!« weist auf diese Zielsetzung hin. Sie sind der Gegenwart entrückt, indem sie nicht mit modernen Maschinen als Industriearbeiter, sondern als Bauer beziehungsweise Schmied gezeigt werden. So erscheinen sie als ein überzeitliches Denkmal der Arbeit. Dadurch wollte das Plakat zum 1. Mai 1937 den Wert der Arbeit deutlich machen, der im Dritten Reich eine wichtige Komponente der Propaganda war. Denn die »wahre

Es ist von jeher...
J. B. Leuger, 1937

1924–1945: MOTIVE DER ZEIT

durch Sparen
der harten Arbeit Lohn bewahren
Lois Gaigg, 1941

Saat bringt Ernte
Sparen trägt Zinsen
Lois Gaigg, 1942

Bedeutung der Arbeit« liegt nicht im Lohn, den sie dem Arbeiter bringt, »sondern im Geist, in dem sie getan wird«. Ein Blick auf die Realität der Arbeiter, die zum größten Teil in den Fabriken arbeiteten, macht deutlich, daß ihre heroisierende Präsentation zur Kompensation des Verlusts der persönlichen Freiheit am Arbeitsplatz diente.

Die Bauern
Die Bauern spielen eine wichtige Rolle in der NS-Ideologie. Das bäuerliche Leben wurde als Ursprungsform menschlichen Zusammenlebens gesehen, und so wie Bauern als Motive in der Malerei an erster Stelle stehen, tauchen sie auch auf den Plakaten in zunehmender Zahl auf. Die große Zahl von Bauerndarstellungen in der Kunst könnte den Eindruck erwecken, daß Deutschland während des Dritten Reiches ein Agrarstaat gewesen sei. Doch machten die Bauern innerhalb der Gesellschaft nur etwas mehr als 10 % aus. In der Realität stand in der wirtschaftlichen Bedeutung für Deutschland die Industrie an erster Stelle. In den Bauernbildern war also wieder nur ein Idealtypus dargestellt, der durch all das ausgezeichnet war, was den Arbeitern und Angestellten in den Städten fehlte: Sicherheit, Geborgenheit und individuelles Wirken innerhalb einer Gemeinschaft.

Von seiten der Sparkassen wurde für die Bauern 1934 ein spezielles Bauernsparbuch eingerichtet, das der wirtschaftlichen Bedeutung des »Reichsnährstands«, der 1933/34 errichtet wurde und alle freiwilligen Verbände der Landwirtschaft und der Landeswirtschaftskammer umfaßte, Rechnung tragen sollte. Die Finanzkraft der Bauern sollte so an die Sparkassen gebunden werden. Auf den Sparkassenplakaten, die sich speziell an die Bauern richteten, war der kräftig ausschreitende Sämann ein beliebtes Motiv, denn Säen und Ernten konnten in Analogie zu Sparen und Zinsen gesetzt werden. Das Bild des Sämanns verwendet beispielsweise Lois Gaigg auf seinem Plakat »Saat bringt Ernte, Sparen trägt Zinsen«. Der Sämann ist von der Seite und in Schwarz und Grautönen wiedergegeben, die seiner extrem kräftigen Gestalt monumentale Größe verleihen. Dieser Eindruck wird durch die an die Erdkugel erinnernde Krümmung des Saatfeldes noch unterstützt: Aus dem Acker wird so das Bild der Erde, der Sämann wird zum Prototyp des mit der Erde verwurzelten Menschen, der dazu ausersehen ist, seine Saat auf der ganzen Welt auszustreuen. Seine Arbeit erhält damit eine fast religiöse Dimension. Darin manifestiert sich der Anspruch auf Eroberung neuen Siedlungslandes, den die Nationalsozialisten vertraten. Hinter dem Sämann erhebt sich überdimensional eine Bäuerin mit einem Kornbündel in den Händen, die in Rot- und Gelbtönen dargestellt ist. Die Farben lassen sie wie eine Sonne erscheinen, ein überirdisches Wesen, das vom künftigen Ertrag der Arbeit kündet. Sowohl ihr Körper als auch das Kornbündel in ihren Armen sind expressiv überlängt. In Verbindung mit den gelben und roten Wolken erhält ihre Gestalt und ihre Arbeit dadurch eine Dynamik, die den Erfolg dieser Bemühungen gewiß erscheinen läßt.

Der Sämann bildet ebenfalls das Motiv eines anonymen Plakats mit dem Titel »Aus deutschem Boden zieht Deutschland seine ewige Lebenskraft«. Dieses Plakat preist das neue Bauernsparbuch und erklärt, für wen es gedacht ist und welche Vorteile es enthält. Der Sämann ragt riesig vor einer Landschaft auf, die sehr viel kleiner durch seine Beine hindurch im Hintergrund zu sehen ist. Dort sieht man einen Bauern ein Feld pflügen. Sowohl in der stilisierten Idylle als auch in der zeitlosen Erscheinung kam das Ideal der ewigen Werte, das durch den Bauern verkörpert wurde, zum Ausdruck. Auf diesem Plakat scheint der kräftig ausschreitende Sämann mit seinem ernsten Gesicht sich seiner hohen Aufgabe bewußt zu sein. Er verkörpert den »eisernen Willen des Bauern«, des »Soldaten der Ernährungsfront«.

Das Schwert schützt...
Hans Moldenhauer,
vor 1945

Die Verbindung von »Schwert« und »Pflug«, also Krieg und Bauerntum, ist als Motiv sehr beliebt. Auf einem Plakat Moldenhauers wird auf das Kriegsgeschehen angespielt. Wie es der Titel »Das Schwert schützt, was Fleiß erwarb! Spare!« schon eindeutig nahelegt, ragt eine gepanzerte, martialisch wirkende Faust mit einem gezückten Schwert, dem Sinnbild der Wehrhaftigkeit, in das Plakat herein. Die diagonale Lage des Schwerts macht klar, daß die Faust gerade eben vor die Landschaft gestoßen wurde. Sie stoppt vor einem Sparkassenbuch, was dem Betrachter deutlich macht, daß das Schwert die Ersparnisse verteidigen wird. Im Hintergrund sind Bauern bei der Ernte unter blauem Himmel zu sehen. Damit ist der Zusammenhang klar: die Soldaten im Feld schützen die Arbeit des Vaterlandes. Sie stehen an der »Kriegsfront«, die Bauern an der »Ernährungsfront«. Die gepanzerte Faust und das Schwert sind Symbole für den Krieg. Doch sind beide anachronistisch, denn der moderne Krieg kämpft mit ganz anderen Waffen. Es wird dieselbe euphemistische Darstellungsweise benutzt, wie sie auch im Ersten Weltkrieg zu finden ist, um das reale Kriegsgeschehen zu beschönigen. Der starke Appell – zwei Ausrufezeichen stehen innerhalb des Mottos – wird durch das Dreinhauen der Faust noch unterstrichen. Die Dynamik der Bewegung kommt durch die diagonale Position des Schwertes zum Ausdruck.

Bäuerliche Szenen fungieren auf Plakaten auch häufig als Bild der Idylle oder als Visualisierung von »Heimat« und »Vaterland«. In solchen

Spare im Deutschen
Bauernsparbuch
Metzger, 1934

Darstellungen überwiegt in aller Regel das folkloristische Moment. Auf dem Plakat von Metzger »Spare im Deutschen Bauernsparbuch« stehen hinter dem großen Bauernsparbuch und dem Reichspfennig Bauern und Bäuerinnen aus allen Regionen Deutschlands. Sie sind in ihre Landestrachten gekleidet, die aber höchstens bis ins 19. Jahrhundert hinein tatsächlich getragen wurden. Die folkloristische Darstellung spielt so eine heile Welt vor, die auch im bäuerlichen Bereich nichts mit der Realität zu tun hatte. Der blonde Bauer und sein Sohn, die direkt hinter Sparbuch und Pfennig stehen, sind durch ihre Kleidung aus der Gruppe herausgehoben. Sie zeigen, wofür das Bauernsparbuch wichtig ist: für die Sicherung der Zukunft, die durch den Sohn, den Erben des Hofes, verkörpert wird.

Die Jugend

Schon seit den zwanziger Jahren hatten die Sparkassen ihre Bemühungen verstärkt, Jugendliche und Kinder über zahlreiche Medien anzusprechen. Der Schwerpunkt lag auch damals im pädagogisch-didaktischen Bereich. Die Schulen wurden mit Plakaten und Broschüren versorgt. Wie bereits ausgeführt, genoß die »Erziehung zur Sparsamkeit« bei den Regierungen der Weimarer Republik aus volkswirtschaftlichen Gründen (Devisenmangel, Kapitalknappheit) höchste Priorität. In den Jahren nach 1933 wurde die Sparsamkeit der Jugend zur »sittlichen Haltung« und zum »Dienst am Volk« ideologisiert. Das Plakat »Seifenblasen vergehen wie Träume, Sparen erfüllt Deine Wünsche« zeigt ein Mädchen und einen Jungen, die beide große Seifenblasen produzieren. In den Blasen sind die Wünsche der beiden eingefangen: er träumt von einem Fahrrad und sie von neuer Kleidung. Die Erfüllung dieser Wünsche wird durch das Sparen in Aussicht gestellt, was sicher viele Kinder angesprochen hat.

Achtet den Pfennig!
Eduard Baudrexel,
vor 1945

Von der Märchenwelt ausgehend zeigt das Plakat von Eduard Baudrexel »Der Pfennig und die Fibel sind Siebenmeilenstiefel« einen Jungen, der in riesigen Militärstiefeln einherschreitet. Die Fibel in seiner linken Hand und der Schulranzen auf seinem Rücken machen deutlich, daß er noch zur Schule geht. Der Pfennig in seiner anderen Hand weist ihn als eifrigen Sparer aus, den schulischer und sparerischer Fleiß vorwärtsbringen wird. Doch seine Haltung und der Stechschritt zeigen die Militarisierung der Jugend, die damals betrieben wurde. Baudrexel wählt ausschließlich die Farben Schwarz, Weiß und Rot, die Farben der deutschen Reichsflagge und der Partei.

Ein anderes Plakat Baudrexels schöpft aus dem religiösen Bereich. Es trägt den Titel »Achtet den Pfennig!« und stammt aus dem Jahr 1940.

Frühzeitig den Sparpfennig
in die Sparkasse
1939

Seifenblasen vergehen…
Bruno Karberg, 1942

1924–1945: MOTIVE DER ZEIT

Ich spare in der Schule
Bruno Karberg, 1938

Spart in der Schule!
Lois Gaigg, 1941

Wir sparen für Lager
und Fahrt!
Alexander Wagner, 1939

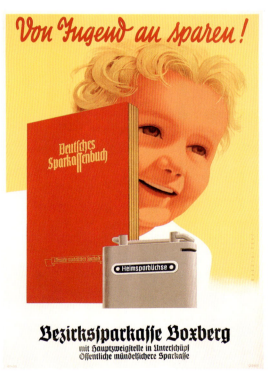

Von Jugend an sparen!
Hans Wagula, vor 1945

1924–1945: MOTIVE DER ZEIT

Schulsparplakate

Der Pfennig und die Fibel…
Eduard Baudrexel, 1940

Deutsche Raubvögel
Rudolf, vor 1945

Der Seidenbau
Spethmann, vor 1945

Sammeln und sparen
Werte bewahren!
Rudolf, vor 1945

Ein Junge hält ein von Strahlen umkränztes Pfennigstück hoch. Durch diese nimbusartige Umrahmung wird der Pfennig dem Betrachter, den Kindern, als etwas Besonderes, fast Heiliges präsentiert.

Für den Kontakt zur Schule wurden sogenannte *Schulsparplakate* entwickelt, deren Themen sich entweder an den Lehrplänen orientierten oder auf heimische Flora und Fauna eingingen. Bei diesen didaktischen Plakaten wurde eine möglichst naturgetreue Darstellung angestrebt, die die Information in klaren, einprägsamen Bildern weitergeben sollte. »Die Deutschen Raubvögel«, entworfen von Rudolf, vermittelt den Kindern und Jugendlichen etwas vom Stellenwert des deutschen Wappentiers: alle bekannten Raubtiervogelarten gruppieren sich in dem Plakat um den Adler. Auch viele nützliche und fleißige Tiere wurden den Kindern gezeigt. Der Lehrer Friedrich Hennecke hielt dies für ein geeignetes Mittel, das er in einer Schrift des Sparkassenverlags auch anderen Lehrern empfahl: »… und besprechen fleißige Sparer aus dem Tierreich, z. B. die Bienen, die Ameise, den Hamster, und zeigen den Kindern so auf eindringliche Weise…, wohin auch bei Tieren Fleiß und Sparsamkeit führen«. In diesem Sinne zeigt Spethmann die Seidenraupe, deren Nutzen in einem kleinen Text vor allem in Kriegszeiten für die Autarkie Deutschlands herausgestellt wurde. Das unten stehende Motto »Viele Wenig geben ein Viel!« zitiert den Slogan einiger Kriegsanleiheplakate aus dem Ersten Weltkrieg.

Die Schulsparplakate

Nationale Symbolik

Die nationale Ausrichtung der Sparkassenwerbung zeigte sich nicht nur im Menschenbild der Plakate, sondern auch in der ausgesprochen nationalen Symbolik. Das stärkste nationale Symbol ist der Adler, das Wappentier des Deutschen Reiches, der auch die Rückseite der Reichsmark zierte. Der einköpfige preußische Adler wurde 1871 von Wilhelm I. zum Reichswappen des Deutschen Reichs gewählt. Doch schon seit der Antike war der Adler imperiales Herrschaftssymbol gewesen. Seine Statur, die ihm zugeschriebene Rolle als König der Vögel und seine Eigenschaft als Raubvogel machten ihn zum Idealbild der Aggressivität, der Dominanz und militärischer Macht. Rudolf verwendet den Reichsadler gleich zweimal auf seinem Plakat »Deutschland arbeitet und spart«. In der Mitte des Plakats schwebt der riesige Schattenriß des Münzenadlers und hält eine Reichsmarkmünze in den Krallen. Rudolf zeigt allerdings nicht die übliche Umschrift »Deutsches Reich«, sondern »Gemeinnutz vor Eigennutz«, das nationalsozialistische Leitwort zu verantwortlichem und linientreuem Handeln. Unter Münze und Adler ist auf der einen Seite eine bäuerliche Szene, eine Landschaft

Deutschland arbeitet und spart
Rudolf, 1936

mit Strohwagen, Scheune und Ähren, und auf der anderen Seite eine Industrielandschaft zu sehen. Industrie und Landwirtschaft waren typische Bilder für die Nation. Der große, mächtige Adler betont die wirtschaftliche Kraft Deutschlands, die ihre Basis in Agrarwirtschaft und Industrie hat. Das gesteigerte nationale Selbstbewußtsein nach der Machtergreifung der Nationalsozialisten kommt hier deutlich zum Ausdruck: der Adler beginnt einen Höhenflug, er ist dabei, sich in den Himmel zu erheben. In der Angriffslust des Adlers, die sein geöffneter Schnabel und seine Krallen zeigen, ist schon so etwas wie Kriegsstimmung zu spüren. Für den Adressaten des Plakats soll dieser Adler nationale Größe dokumentieren und dadurch Vertrauen in die eigene Größe und Währung schaffen.

Der Adler ziert auch das Deckblatt des »Arbeitssparbuchs« des Deutschen Reiches. Das Plakat »Arbeiten und Sparen« von Ionny aus dem Jahr 1941 wirbt um die Arbeiter. »Arbeiten und Sparen« war seit 1938 das zentrale Motto der Werbung für den »Tag der Nationalen Arbeit«. Das Arbeitsbuch und das Sparkassenbuch kombiniert Ionny als Motive, um diesem Gedanken Ausdruck zu geben. Damit wird deutlich, daß Sparen, ebenso wie Arbeiten, Dienst am nationalen Volkswohl sein soll.

Auch das Plakat von Wagula für den »Deutschen Spartag« 1941 appelliert an nationale Gefühle. Mit dem Appell »Spare für den Sieg« zeigt Wagula eine läutende Sturmglocke über einem Sparkassenbuch, die das Motto als Umschrift trägt. Die Sturmglocke war schon auf Plakaten im Ersten Weltkrieg ein beliebtes Motiv. Seit Jahrhunderten hatte sie die Aufgabe, die Bevölkerung zum Kampf zu sammeln. Häufig trugen die Glocken Umschriften, die ihre Funktion deutlich machten, wie »Ich schwinge nur in schwerster Zeit – Wie ich aus Erz so seid bereit – Ich rufe nur in höchster Not – Wer mich nicht hört den trifft der Tod«.

Auf Wagulas Plakat soll die Glocke die Bevölkerung zum Sparen als nationalem Dienst aufrufen. Sie ist wie auch in früherer Zeit mit Schwert und Lorbeerkranz verziert, den Insignien von Krieg und Sieg. Den Menschen in der Heimat wird auf diese Weise suggeriert, daß auch sie an einer Front kämpfen, daß sie durch Sparen den Sieg zu sichern in der Lage sind. Die Parole war: »Wer unnütz kauft, vergeht sich an der Gemeinschaft... Wer spart, beweist seinen Glauben an Deutschland.«

Das Schwert als Kriegssymbol war ebenso beliebt, wie in Realität natürlich antiquiert. Aber es assoziiert einen Kampf Mann gegen Mann, eine Tradition des Mittelalters. Dadurch wird auch die mittelalterliche Vorstellung heraufbeschworen, daß Gott dem Kaiser das Schwert als Zeichen seiner weltlichen Macht gegeben habe und der Kampf mit dem

Spare für den Sieg
Hans Wagula, vor 1945

»Der kleine Bruder des Werbefilms«

Die Motive der Monatsplakate wurden auch auf Diapositiven, den sogenannten »Stehbildern« angeboten. Vor allem für die Werbung im Kino gedacht, wurde dazu eine »Werbeschallplatte« angeboten, auf der ein passender Text – meistens in Reimform – zu hören war. Die Vorführung eines solchen »Tonbildes« wurde in der damaligen Zeit als »der kleine Bruder des Werbefilms« bezeichnet.

Schwert die gottgegebene Ordnung verteidigt. Mit diesem Hintergrund verwendet Böttger 1939 das Schwert auf seinem Plakat »Eine Waffe im Lebenskampf!«. Es zeigt als Motiv nur das Schwert und das Sparkassenbuch. Sparen und Kämpfen werden dadurch gleichgesetzt. Dies ist ein hervorragendes Beispiel dafür, wie die Militarisierung alle Lebensbereiche im Dritten Reich erfaßt hatte; auch die Sparkassenwerbung blieb nicht verschont.

Reisen
Zu den wohl populärsten Organisationen im Dritten Reich gehörte die NS-Gemeinschaft »Kraft durch Freude« (KdF), die als Freizeitgestaltungsinstitution mit billigen Eintrittspreisen und vor allem als Einheits-Reisegesellschaft eine propagandistisch äußerst wirksame Tätigkeit entfaltete. Der »Urlaub für jedermann« sollte durch eine neue Zwecksparform, das Reisesparen, ermöglicht werden. Schon 1934 mußte der Sparkassenverband einen langfristigen Vertrag mit der KdF abschließen. Die Sparkassen halfen also, diesen prestigeträchtigen und attraktiven Traum vom Reisen zu verwirklichen. So konnten sich viele in diesen Jahren erstmals überhaupt eine Urlaubsreise leisten. Sogar bis in die Kriegszeit hinein wurde für das Reisesparen und die Benutzung von Reisekreditbriefen unter dem Motto »Reisen ohne Bargeld (ROB)« auf Plakaten geworben.

Transportmittel und Geschwindigkeit bilden die Motive der Plakate für den Reisekreditbrief. Das Plakat von Eberhard Eggers zeigt das traditionelle Motiv der Dampflok, die durch die Nacht braust. Zu Anfang des Massentourismus wurden offensichtlich nicht ferne Länder oder exotische Orte als Wunschziele propagiert, sondern ganz auf die Faszination des Reisens und der Geschwindigkeit selbst gesetzt. Die meisten Reisen waren ja auch nicht ins Ausland, sondern innerhalb Deutschlands geplant, um die eigene Heimat kennenzulernen. Eggers macht auf seinem Plakat die Bewegung durch die diagonale Lage des Zugs und die Dampfschwaden rechts und links davon deutlich.

Das Plakat von Schneider, das im Werbeangebot von 1939 geführt wurde, baut ganz auf die Begeisterung für die moderne Technik und die dadurch mögliche Geschwindigkeit der Verkehrsmittel auf. Durch eine Landschaft mit Bergen ziehen zwei Eisenbahnlinien und eine Autobahn. Die perspektivische Verkürzung bewirkt, daß sie alle von einem Punkt zu kommen scheinen. Ein moderner D-Zug, ein Dampfzug und Autos rasen darüber hinweg. Die Krümmung der Landschaft, die die Erdkrümmung nachahmt, und der angedeutete Fahrtwind verdeutlichen die hohe Geschwindigkeit, mit der Züge und Autos dahinrasen.

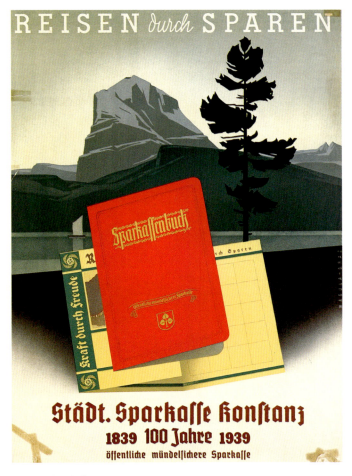

Reisen durch Sparen
Hans Wagula, 1939

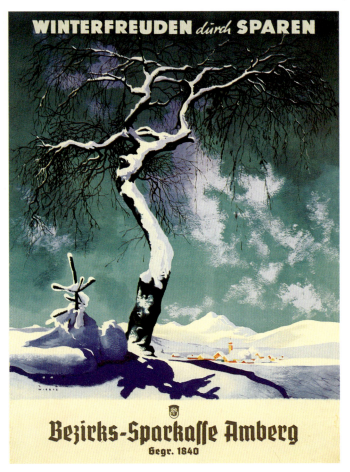

Winterfreuden durch Sparen
Jupp Wiertz, 1938

Rob
Reise ohne Bargeld
W. P. Eberhard Eggers,
vor 1945

Keine Reise ohne Rob! Schneider, 1936

Quer über diese Landschaft hinweg fliegt ein Flugzeug, welches das Hakenkreuz als Erkennungszeichen am Leitwerk trägt, sicherlich ein Sensationsobjekt auf diesem Plakat. Zwischen Himmel und Erde schwebt ein riesiger Reisekreditbrief, der die unterschiedlichen Reisearten miteinander verbindet. Die Aquarelltechnik des Entwurfs, die auch für den Plakatdruck beibehalten wurde, trägt entscheidend zu dem Eindruck von Geschwindigkeit und Leichtigkeit bei. Durch die Farblasur können fließende Übergänge zwischen den Farbflächen geschaffen werden. So ist es ohne Schwierigkeit möglich, den sich schlängelnden Schatten der rasenden Züge wiederzugeben.

Bausparen
Ein anderes Sparziel, das sogar während des Luftkrieges auf Plakaten propagiert wurde, war das eigene Haus. Das Eigenheim war bereits in den zwanziger Jahren ein sehnlicher Wunsch vieler Deutscher und stellte damit einen starken Anreiz zum Sparen dar. Es herrschte ein großer Bedarf an Wohnungen, und auch die Ansprüche an die Wohnsituation wurden höher. Die Sparkassen hatten ein großes Interesse daran, den Bausparkgedanken zu fördern, da die Kunden dadurch an ein regelmäßiges Sparen gewöhnt wurden und später den Sparkassen als Kunden erhalten bleiben würden. Die Plakate für die Bausparwerbung zeigen alle als Motiv ein Einfamilienhaus im Grünen, mit Balkon oder Terrasse und manchmal sogar mit einem Swimming-Pool. Genau das finden wir auf dem Plakat von Jupp Wiertz »Eigenes Heim aus eigener Kraft durch Sparen«. Das Wohnen im Grünen entsprach offensichtlich den Wunschvorstellungen der Menschen, nicht das Stadtleben. Auf dem Plakat von Wiertz sehen wir auch, daß beim Hausbau die Kleinfamilie die Planungsgrundlage war: Frau und Kind sind zu Hause und können die Terrasse und den Garten nutzen. Diese Vorstellung vom Traumhaus bleibt auch in der Nachkriegszeit erhalten.

In bezug auf den Baustil wurden Häuser mit Walmdächern bevorzugt, die an das »deutsche Bauernhaus« erinnern. Lois Gaigg verwendet diesen Haustyp auf seinem Plakat »Sparen führt zum eigenen Haus«. Weit im Hintergrund ist das Traumhaus im Grünen zu sehen. Die Kreisform der Landschaft drum herum läßt es wie ein Blick in die Zukunft erscheinen. Doch vom Vordergrund, der Gegenwart, her führt ein Weg in diese Zukunft, der mit den Worten »Sparen« gepflastert ist. Eine andere Möglichkeit, den Blick in die Zukunft zu zeigen, beschreitet Moldenhauer, indem er auf seinem Plakatentwurf das gewünschte Haus als Modell über einem Grundriß erscheinen läßt.

1924–1945: MOTIVE DER ZEIT

Eigenes Heim…
Jupp Wiertz, 1939

Sparen führt zum
eigenen Haus
Lois Gaigg, vor 1945

Eigenheim-Modellschau…
Hans Moldenhauer, 1941

Sparen erfüllt Deinen Wunsch!
Hans Moldenhauer, 1938

Der Gedanke an Bausparen in der Kriegszeit war dem zeitgenössischen Sparer wohl nicht sofort einleuchtend. Deshalb gaben die Sparkassen einige Broschüren heraus, die erklärten, warum Bausparen selbst im Krieg sinnvoll sei, obwohl in dieser Zeit kein neues Haus gebaut oder größere Umbauten gemacht werden konnten. Mit Blick auf den Frieden wurde argumentiert, daß der Bausparer auch dann die Vertragsansprüche nicht verlieren würde, wenn er kriegsbedingt die Raten nicht alle pünktlich einzahlen konnte.

1945–1949: Zusammenbruch und Währungsreform

Der verlorene Krieg bedeutete für die Menschen im besiegten Deutschland einen tiefen Einschnitt in ihrem Leben. Zerstörte Städte, erschöpfte Ressourcen und die Ansprüche auf Reparationen seitens der Besatzungsmächte, die das ehemalige Reich in vier Besatzungszonen zergliedert hatten, ließen die Zukunft ungewiß erscheinen. Wie schon nach dem Ersten Weltkrieg war auch jetzt die Währung des Verlierers nichts mehr wert, bedeuteten die Reichsmarkscheine nur noch einen Wechsel auf nicht mehr vorhandene Güter. Angesichts einer galoppierenden Inflation verlor das Geldwesen an Bedeutung, auf dem Schwarzmarkt etablierte sich die Zigarettenwährung.

Erst nachdem die Westalliierten, allen voran die Amerikaner, im Zuge des sich entwickelnden Ost-West-Konflikts von ihren Plänen der »Finnlandisierung« Deutschlands Abstand nahmen und darauf verzichteten, Deutschland zu einem kriegsunfähigen Agrarstaat zurückzuentwickeln (Morgenthauplan), deutete sich eine Zukunftsperspektive an. Mit dem Marshallplan wurden die Deutschen in den Westzonen mit den nötigen Mitteln ausgestattet, ihre Wirtschaft wieder in Schwung zu bringen.

Dazu war eine stabile Währung notwendig, die am 20./21. Juni 1948 mit der Währungsreform geschaffen wurde. Diese entwertete jedoch auch alle Ersparnisse und privaten Geldvermögen. Einzig der Besitz von Grundeigentum und Produktionsmitteln blieb von ihr unberührt. Über Nacht wurden aus den am 20. Juni existenten 47,7 Milliarden Reichsmark 2,2 Milliarden Deutsche Mark. Nach dem Verlust des größten Teils aller Spareinlagen hatte niemand mehr das nötige Vertrauen in die Sparkassen. Die Parole »Nie wieder sparen« drückte die Verbitterung der Menschen deutlich aus. Hinzu kam der Mangel an den Dingen des täglichen Bedarfs, so daß auch kaum überschüssiges Geld für Spareinlagen abzuschöpfen war.

Die Sparkassen selbst konnten sich in den drei westlichen Besatzungszonen zunächst nur auf regionaler Ebene rekonstituieren. Doch

GESCHICHTE DES SPARKASSENPLAKATS: 1945–1965

…und doch muß es sein!
Stuttgart 1948

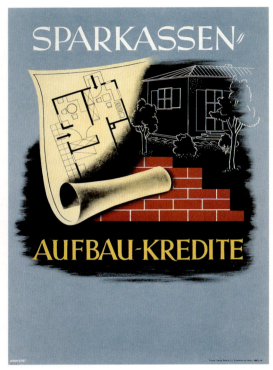

Sparkassen-
Aufbau-Kredite
Kirn, 1948

bereits 1948 bildeten sie wieder eine zentrale Arbeitsgemeinschaft, die 1950 Rechtsfähigkeit erlangte und 1953 ihre alte Bezeichnung *Deutscher Sparkassen- und Giroverband* annahm. Für die Sparkassen waren es schwierige Zeiten, denn die westlichen Besatzungsmächte hatten das Bankwesen liberalisiert und damit den Sparkassen zusätzliche Konkurrenz geschaffen. Zugleich war – wie bereits gezeigt – der Sparwille der Bevölkerung durch Inflation und Währungsreform gebrochen. »... und doch muß es sein! Das Sparen«, mit solch verzweifelt klingendem Motto warben die Sparkassen 1948 per Flugblatt und Plakat. Auf dem Plakat bilden dabei verschiedene stilisierte Münzen zusammen mit der Schrift eine Form, die an ein Haus erinnert. Das Werbeargument hebt auf das damals drängendste Problem – die Wohnungsnot – ab und suggeriert, daß zur Befriedigung dieses elementaren Bedürfnisses das Sparen eine notwendige Voraussetzung bildet.

Dennoch war die Kundenwerbung schwierig, das Vertrauen der Bevölkerung in Spareinlagen gering. 1948 beschloß der erste zentrale Werbeausschuß, die Werbung keinesfalls mit der Währungsreform in Verbindung zu bringen. Man beschränkte die Werbung auf Sparziele, welche die lebensnotwendigen Bedürfnisse der Menschen zu erfüllen versprachen, also vor allem auf das Wohnen. Der Tenor dieser Werbestrategie lautet: Die teureren Güter des Wohnbedarfs lassen sich nur durch Ersparnisse beschaffen.

Möbelkauf...
1949

Man wirbt neben dem Fernziel Haus, das aufgrund der Umstände für die meisten Menschen kaum realisierbar erschien, auch mit Näherliegenderem, etwa mit Möbeln. Zwei im Piktogrammstil dargestellte Figuren tragen einen Schrank. Als Köpfe der Figuren dienen die neuen Pfennigstücke der Bank deutscher Länder. Damit wird auf einfache Weise der Zusammenhang zwischen Sparen und den ersehnten Anschaffungen hergestellt, das gesparte Geld bringt buchstäblich die Möbel ins Haus. Durch die einfache farbliche Gestaltung in Braun und Weiß gewinnt dieses Plakat an zusätzlicher Prägnanz. Die im Plakattext angesprochene Möbelsparhilfe war eine Aktion, in der die Sparkassen dem Kunden bei Erreichen einer bestimmten Sparsumme den anderen Teil des notwendigen Geldes als Darlehen zur Verfügung stellten. Eine Sparform also, die dem Bausparen vergleichbar ist.

Im Gegensatz zum Sparen stieß die Werbung für das Kreditgeschäft kaum auf die Abneigung der Bevölkerung, denn der Kredit wälzte das Risiko des Wertverlusts des Geldes, wie man ihn gerade mit der Währungsreform erlebt hatte, auf die Banken ab. Ein zweites Plakat aus dem Jahre 1948 zeigt die üblichen Stufen eines Hausbaus. Als Montage sind drei gezeichnete Motive dargestellt: Bauplan,

GESCHICHTE DES SPARKASSENPLAKATS: 1945–1965

Mauerwerk und als Umrißzeichnung das fertige Haus mit Bäumen. Die Motive sind stilisiert wiedergegeben.

Dies gilt auch für die beiden Plakate aus dem Jahr 1949. Motivisch bieten beide Altbekanntes: die Kleinfamilie – bestehend aus Vater, Mutter und Kind –, die auf das überlieferte Idealmodell des freistehenden Einfamilienhauses blickt (zur Bedeutung dieses Motivs: siehe den zweiten Teil des Kapitels), und einen Sparpfennig, aus dem ein Baum emporgewachsen ist, dessen Blätter mit Bildern begehrter Konsumgüter versehen sind. Interessant ist neben dem Dargestellten, mit dem wir uns an anderer Stelle beschäftigen werden, das Verfahren einer gemäßigten Stilisierung, einer graphischen Vereinfachung. Sie deutet eine Formentwicklung an, die sich später noch deutlicher ausprägen wird. Es ist der Hang zur Vereinfachung der Form und zur Hervorhebung der graphischen Elemente in der Gestaltung. Eine Tendenz, die sich deutlich vom heroisch-realistischen Darstellungsstil des Dritten Reiches unterscheidet und damit den typischen Stil der fünfziger Jahre ankündigt.

Die frühen fünfziger Jahre: stilistische Vielfalt
1950 beginnt ein neuer Abschnitt in der Nachkriegsgeschichte des Sparkassenplakats. Die regionale und zonenmäßige Zersplitterung der Sparkassen wird im Zuge der Zusammenführung der Westzonen aufgehoben. Damit endet die bisher eher sporadisch betriebene Werbetätigkeit der einzelnen Sparkassen. 1949 wird der Sparkassenverlag wiedergegründet, 1950 entsteht die Zentralstelle für Sparkassenwerbung. Mit dem damals erstaunlichen Etat von einer halben Million Mark konnte die Werbung nun wieder systematisch ausgebaut und betrieben werden. Dabei stand von Anfang an die »Planmäßigkeit im Werbeschaffen« im Zentrum der Bemühungen, wie die Überschrift über einen Artikel im Sparkassen-Werbedienst von 1951 betont. »Da die deutschen Sparkassen jetzt, unter den gegenwärtig erheblich veränderten werbepsychologischen Voraussetzungen, sich dem unausweichlichen Zwange gegenübersehen, ihre Werbung zu intensivieren, um sie noch erfolgreicher zu gestalten, ergibt sich daraus von selbst als logische Folgerung: einerseits Vervollständigung der ›Werbepläne‹ bis in die letzten Feinheiten hinein, andererseits Erweiterung der Werbemittel-Abonnements, um den Sparkassen trotz Arbeitsüberlastung eine wirksame Hilfe zu sichern.« Die Zentralstelle für Sparkassenwerbung entwarf die Werbestrategie und die Werbemittel, die dann im Abonnement über den Sparkassenverlag von den einzelnen Sparkassen zu beziehen waren. Grundlage der im Abonnement beziehbaren Werbemittel ist das Plakat.

GESCHICHTE DES SPARKASSENPLAKATS: 1945–1965

Spargeld macht das
Kaufen leichter
Alexander Wagner, 1949

Bausparen
Alexander Wagner, 1949

Hat der Bauer Geld...
1950

Zu Weihnachten
ein Spargeschenk
Rudolf, 1949

»Plakate sind für jede Werbung (…) eines der wichtigsten und auffälligsten Mittel zur Massenbeeinflussung, denn sie verbinden hohe Aufmerksamkeit mit starker Erinnerungskraft.« So decken die Werbeplakate nun wieder die klassischen Werbesektoren der Sparkassen ab: allgemeine Sparappelle, Sparappelle an Bauern, Spargiro, Bausparen, Vorsorgesparen, Schulsparen und Sparen für die Weihnachtsgeschenke.

Die Gestaltung der Plakate ist dabei höchst unterschiedlich. So zeigt beispielsweise ein wohl regionaler Sparappell, »Hat der Bauer Geld/Hat's die ganze Welt«, zwei Bäuerinnen arbeitend in einem Hopfenfeld. Vor dem weißen Grund des Plakats erscheinen als Vordergrundmotiv Hopfenblätter, dann sitzend eine Bäuerin mit Korb in Profilansicht, weiter hinter ihr eine zweite Bäuerin, die gerade einen Korb heranträgt. Das Ganze wird gerahmt von Hopfenblättern, vorne in Blaugrün, oben rechts in Dunkelgrün und ganz im Hintergrund, das Hopfenfeld andeutend, in Lindgrün. Das Hopfenblatt auf der linken oberen Seite trägt den Leitspruch dieses Plakats. Von der Darstellungsweise knüpft diese Gestaltung an die realistische Abbildungsweise an, wie sie auf den Sachplakaten seit Beginn dieses Jahrhunderts zu finden ist. Das Motiv selbst bildet durch seinen friedvollen Charakter einen deutlichen Gegensatz zu den heroischen Bauerndarstellungen des NS-Regimes.

Ähnliches gilt auch für ein Weihnachtsplakat mit dem Motto »Zu Weihnachten – ein Spargeschenk«. Während die Darstellungsweise weitgehend abbildhaft-präzise ist, trägt das Motiv ausgesprochen gefühlsbetonte Züge. Der Engel, welcher eine weihnachtliche Schmuckfigur zu sein scheint, trägt ein prachtvoll altertümliches Gewand und hält huldigend die Kerzen. Der Graphiker Rudolf, der während des tausendjährigen Reiches heroisch-monumentale Verherrlichungen des Nazi-Weltbildes geschaffen hat (man vergleiche das vorhergehende Kapitel), bemüht sich hier offensichtlich, davon nichts mehr in seinen Entwurf eindringen zu lassen. Die Verbindung des weihnachtlich-gefühlvollen Motivs zum Sparen wird durch das Sparkassenbuch und den Spargeschenkgutschein verbildlicht, wobei letzterer eine von vier Engeln umschwebte Glocke zeigt, die als Schlegel eine Pfennigmünze hat. Das Schriftband trägt die Aufschrift: »Spargeschenkgutschein Weihnachten«. Die verwendeten Motive stammen allesamt aus der christlichen Ikonographie, in der sie die Verkündung der Geburt Christi darstellen. Diese christliche Motivik wird im Spargeschenkgutschein ins Profane gewendet: Wer spart, dem läutet das himmlische Glück. Durch die Verbindung des huldigenden Engels mit dem Spargeschenkgutschein wird dieser Zusammenhang mit dem Heilsgeschehen noch enger. Dadurch aber gleitet die Verknüpfung der christlichen Motive mit dem Spargedanken endgültig ins Geschmacklose ab, die bildlich zitierten »weihnachtlichen Gefühle« erscheinen nur noch als Funktion des Geschäftszwecks.

Neben diesen formal realistischen und inhaltlich gefühlsbetonten Gestaltungen finden sich noch andere, die als moderner zu bezeichnen sind, so ein Plakat zum Vorsorgesparen »Sparen – für später« von Alexander Wagner. Es zeigt die Photographie eines Mädchens in Frontalansicht, das gerade eine Münze in seine Heimsparkasse steckt. Hinter dem Mädchen erscheint in größerer Gestalt die rote Umrißzeichnung einer Braut mit Schleier und Rosen. Die Aussage ist damit klar und deutlich formuliert: Das frühe Sparen sichert die Zukunft der Erwachsenen, die sich für sie als Frau in der Heirat verwirklicht. Das sich hier offenbarende weibliche Rollenbild wird an anderer Stelle behandelt, interessant ist in unserem Zusammenhang die Gestaltung. Das Plakat ist eine Montage aus Photographie und Zeichnung, die durch das Hintereinandersetzen der beiden Motive die Aussage eindeutig klar macht. Die realistische Photographie und die vergleichsweise stilisierende Zeichnung markiert nicht nur den zeitlichen Abstand zwischen zukünftiger und gegenwärtiger Realität, sondern zeigt auch das Idealbild weiblicher Existenz als Gattin. Alexander Wagner spricht mit diesem Plakat zugleich eine heute kaum mehr relevante gesellschaftliche Konvention an: die Aussteuer. Sie war auch nach dem Zweiten Weltkrieg noch ein wesentlicher Faktor, um eine Frau überhaupt heiratsfähig zu machen.

Im Zuge der Aufwertung moderner Graphik und ihrer Integration ins gesellschaftliche Leben veranstaltete der Bund Deutscher Gebrauchsgraphiker 1950 einen Plakatwettbewerb, in dem die 200 besten Plakate ausgezeichnet wurden. Darunter auch vier Plakate der Sparkassen, was vom Sparkassen-Werbedienst damals als großer Erfolg gewertet wurde. Hervorzuheben ist unter den prämierten Entwürfen aus heutiger Sicht der von Richard Roth aus München, welcher das alte Motto »Wer sät – erntet« darstellt. Obwohl hier motivisch wenig einfallsreich die übliche Verknüpfung Aussaat – Ernte – Münze dargestellt wird, ist die kompositionelle Gestaltung auffällig. Durch den diagonalen Verlauf der Ackerfurchen, auf denen der Bauer aussät, und die gegenläufige Richtung der stilisierten Ähren entsteht eine V-Form, deren Schnittpunkt von einer Pfennigmünze gebildet wird. Diese Montage der Motive erzeugt einen Eindruck von Dynamik, der vielleicht etwas von der Aufbruchsstimmung dieser Zeit vermittelt. Dem Plakat Richard Roths mangelt es aber, wie den anderen Plakaten

GESCHICHTE DES SPARKASSENPLAKATS: 1945–1965

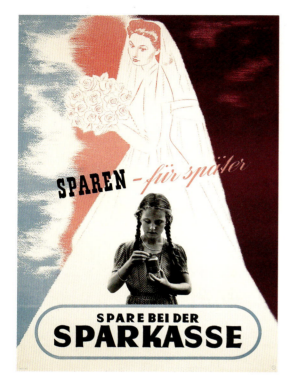

Sparen – für später
Alexander Wagner, 1951

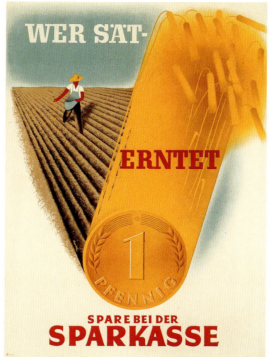

Wer sät – erntet
Richard Roth, 1950

Sparen hilft bauen
1951

dieser Zeit auch, an motivischen Neuerungen. Daß es dennoch herausragt, mag auch daran liegen, daß Roth einer der wenigen Graphiker der frühen Nachkriegszeit ist, die nach der NS-Zeit wieder Aufträge für die Plakatwerbung erhielten. So kennzeichnet seine Entwürfe eine Frische und Kreativität, die bei manchen anderen Graphikern nicht zu entdecken ist.

Herausragende Gestaltung ist auch das Merkmal des Plakats »Sparen hilft Bauen« von 1951. Obwohl die für Bausparplakate typische Verknüpfung von Geld, Haus und Bauplan auf nur zwei Motive – Geld und Häuser – reduziert ist und von daher die bildliche Darstellung von Bauwunsch, Sparen und Wunscherfüllung scheinbar nicht zur Darstellung kommt, überzeugt dieses Plakat zuerst durch seine formalen Qualitäten. Die Pfennigmünze erscheint als dominante Rundform, die durchsichtig ist und den Blick auf ein freistehendes Einfamilienhaus zur Linken und ein großes Mietshaus zur Rechten freigibt. Den Vordergrund bildet eine unfertige Steinmauer, die den produktiven Aspekt des Spargeldes visualisieren soll. Mit dem durchsichtigen Pfennig wird die sonst übliche Verknüpfung der Motive durch beziehungsvolles Nebeneinandersetzen vermieden. So kann die Kreisform des Pfennigs sofort als dominante und überraschende Form vom Betrachter wahrgenommen werden. Die sinnvolle Verknüpfung von Spargeld und Sparziel wird aber erst auf den zweiten Blick zwingend, indem nämlich der Betrachter den Pfennig als Fenster erkennt, das den Blick auf das Wunschziel ermöglicht. Anstatt einer Nacheinanderreihung, wie sonst üblich, arbeitet dieses Plakat mit einer Hintereinanderordnung, ohne die perspektivische Gestaltung zu berücksichtigen – dem Mauerwerk im Vordergrund fehlt jegliche Raumtiefe – die diesen engen Zusammenhang zwischen Spargeld und Haus betont.

Ein weiteres klassisches Werbegebiet der Sparkassen stellt die Werbung für Girokonten und bargeldloses Reisen dar. Für diese Serviceleistungen wurde verstärkt geworben. Dafür gab es »...mehrere Gründe. So bildeten die Giroeinlagen das Fundament des Passivgeschäfts. Zudem wurde die Spargirowerbung weniger mit den Auswirkungen der Währungsreform assoziiert als die Akquisition im Spargeschäft. Darüber hinaus wurden die politischen Absichten, der Sparkassenorganisation den Fernüberweisungsverkehr zu entziehen, durch die verstärkte Girowerbung konterkariert.« (Emmerich, S. 186)

Die Geschichte des Giroplakats selbst wird an anderer Stelle behandelt, deshalb soll uns hier ein stilistisch interessantes Plakat für das bargeldlose Reisen interessieren. Dafür wurde erstmals wieder im Juni 1951 geworben. Dieses Datum signalisiert, daß die wirtschaftliche

Siehe Seite 118

GESCHICHTE DES SPARKASSENPLAKATS: 1945–1965

Entwicklung langsam in Fahrt kam und es wieder Leute gab, die sich Reisen leisten konnten. Angesichts der gesamtwirtschaftlichen Situation und einer noch vorhandenen Arbeitslosigkeit war es aber nur eine schmale Schicht von Wohlhabenden, die sich dieses Vergnügen leisten konnten. Das Plakat »Reise ohne Bargeld« verarbeitet die klassische Motivik des Reisens mit Reisescheck auf interessante Weise. Auf dem himmelblauen Grund des Plakats sind drei Postkartenmotive und ein Reisescheck in der Form eines negativen Parabelbogens angeordnet, nach rechts werden sie unscharf wie Motive, die an einer fahrenden Kamera vorbeiziehen. Das soll die Geschwindigkeit der Fortbewegung ausdrücken, die damit zugleich mit dem Reisescheck und den Reisezielen verbunden erscheint. Die Postkarten stellen insgesamt eine Weltlandschaft dar, vom Meer mit Booten über eine Baumlandschaft mit See bis zum Gebirge mit Almwiese und Wald sind alle wünschenswerten Landschaftstypen vertreten. Merkwürdig erscheint dem Betrachter jedoch der Gegensatz zwischen der nahezu abstrakt wirkenden Anordnung der Formen auf blauem Grund und den naturalistisch wiedergegebenen Landschaften auf den Postkarten. Die bogenförmige Anordnung erinnert an ein Steintor oder aber – wenn man an die Bewegung denkt – an das Tor eines Eisenbahntunnels, in den der Zug gleich hineinrasen wird. Das dunkler werdende Blau innerhalb des Torbogens unterstützt eine solche Assoziation zusätzlich. So gelangt dieser Entwurf zu einer überzeugenden Verknüpfung der Motive, die zugleich dem Betrachter das Gefühl des Reisens zu vermitteln vermag und starke Sehnsüchte weckt.

Ein Rückblick auf die bisher besprochenen Plakate zeigt, daß sich zu Beginn der fünfziger Jahre eine Vielfalt der Stile zu entwickeln beginnt, die diese Plakate nicht nur inhaltlich von denen der Ära des Dritten Reiches unterscheidet. Und dieser Formenreichtum wächst noch in den folgenden Jahren. Die auffälligste stilistische Neuerung stellen die Plakate von Egon Kingerter dar, der den Stil amerikanischer Comics in seine Gestaltung aufnimmt. So in dem Plakat »Er hat gespart, er kann verreisen«. Die plakative Vereinfachung betrifft nicht nur die Farben, kräftiges Grün und Gelb, die mit der realen Farbe des Motivs nichts mehr zu tun haben, sondern auch die Darstellungsweise: die Umrißlinie wird besonders betont, die Farbe innerhalb eines Umrisses wird nur noch als Fläche gestaltet. Die Farbigkeit erzeugt einen starken visuellen Reiz, der zugleich durch das Verfahren einer Vereinfachung im Comic-Stil in der motivischen Darstellung eine schnelle Lesbarkeit durch den Betrachter begünstigt. Einfallsreich bringt Kingerter die Reiseziele mit ins Bild, indem er sie als Bilder im

Sparen für die Reise

GESCHICHTE DES SPARKASSENPLAKATS: 1945–1965

Bild erscheinen läßt: Der zufrieden lächelnde Reisende läuft auf dem Bahnsteig gerade an einer Plakatwand vorbei, die ganz ähnliche Landschaften wie das vorhergehende Plakat zeigt – Meer, See und Gebirge. Als viertes Motiv tritt noch ein Skispringer hinzu. Raffiniert kontrastiert Kingerter den Urlaubsreisenden mit dem Bahnsteigwärter; letzterer erscheint in Uniform, mit dümmlich grinsendem Gesicht und einer altmodischen runden Brille. Der Urlauber stellt dagegen den Typus des amerikanisch »orientierten« Erfolgsmenschen dar, polyglott und erfolgreich, wie man an den Koffern mit Aufklebern und seiner eleganten Kleidung aus Trenchcoat, Hemd und Krawatte, Hut und Streifenhosen sehen kann. Zufrieden grinsend raucht er seine Pfeife, er ist der Prototyp des modernen, selbstzufriedenen Bürgers, der seinen Erfolg zu genießen weiß.

Kingerter hat in diesem Stil eine Reihe von Plakaten unterschiedlicher Qualität geschaffen, deren witzzeichnungsartiger Charakter bisweilen auch recht klischeehafte Resultate zeitigt, so etwa in seinem Entwurf »Sie genießen Ferienfreuden, sie haben gespart«. Hier zieht eine Familie beschwingt singend durch eine Mittelgebirgslandschaft, der Vater mit Ziehharmonika und Rucksack voran, die Mutter mit Handtasche und Kopftuch dahinter, zuletzt folgt der Sohn.

Er ist in Druck...
Kingerter, 1951

Merkwürdig ambivalent ist dagegen ein weiteres Plakat aus derselben Serie: »Er ist in Druck/er möchte weniger Steuern zahlen. – Hier ist der Weg: Steuerfreies Sparen.« Ein Mann mit zerknirschtem Gesichtsausdruck sitzt an einem Tisch, den Kopf in die Hände gestützt, auf ihm hockt ein gräßliches Ungeheuer, das durch eine Aufschrift als Steuer ausgewiesen ist. Wohl mag durch die Größenverhältnisse der Mann bedrückt wirken, beklemmende Gefühle kommen angesichts dieses Ungeheuers kaum auf. Bild und Text gehen keine Symbiose ein, das Ungeheuer wirkt so »gräßlich«, daß man als Betrachter den steuerlichen Druck kaum glauben mag. Tatsächlich war auch das hinter dieser Kampagne der Sparkassen stehende Werbeargument nicht sehr zugkräftig, denn steuerfreies Sparen hieß nur, daß die Zinsen des Spargeldes nicht besteuert wurden. Eine Abschreibungsmöglichkeit bot diese Geldanlageform nicht.

Die stilistische Vielfalt der Zeit belegt auch der Plakatentwurf »Einteilen, Haushalten, Sparen«. Es zeigt ein mit weißer Spitzenschürze bekleidetes Eichhörnchen, das an einem Tannenzapfen frißt, der im unteren Teil aus Pfennigstücken besteht. Zwischen dem Tannenzapfen und einer Heimsparbüchse in der Form des Sparkassen-S, fliegen Pfennigstücke. Gemeint ist wohl, daß die Hausfrau – angedeutet durch die Schürze – wie das Eichhörnchen gut haushalten muß, um im

GESCHICHTE DES SPARKASSENPLAKATS: 1945–1965

Reise ohne Bargeld
1951

Er hat gespart...
Kingerter, 1952

Sie genießen
Ferienfreuden...
Kingerter, 1953

Einteilen, haushalten, sparen
1952

Für 2 MARK wöchentlich...
1952

GESCHICHTE DES SPARKASSENPLAKATS: 1945–1965

Notfall etwas Geld gespart zu haben. Die gewählte Verbildlichung des Sparens durch das Eichhörnchen entspringt einer alten Motivtradition, deren Verfahren in der Gleichsetzung tierischer Verhaltensweisen mit denen des Menschen besteht. Dabei ist das Eichhörnchen eines der ältesten Symbole der Sparsamkeit in Europa. So gesehen ist dieser Entwurf sowohl in der Motivwahl als auch in der stilistischen Darstellungsweise, die dem Realismus der älteren Sparkassenplakate entspricht, völlig der Tradition verhaftet.

Modern wirkt dagegen das Plakat für eine neue Sparform: das PS-Sparen. 1952 ins Leben gerufen, verbindet es die regelmäßige Einzahlung auf ein Konto mit einem mehrmals im Jahr stattfindenden Gewinnspiel. Darüber hinaus wurde es vom Staat steuerlich begünstigt, so daß es als eine sehr lukrative Sparform erschien. Sinn dieser neuen Sparform war es, die Kundschaft wieder an eine regelmäßige Spartätigkeit heranzuführen.

Für das PS-Sparen wurde ein eigenes Signet entwickelt: das vierblättrige Kleeblatt. Erstmals erscheint es auf einem Plakat vom Mai 1952. Unter dem Titel »Das ist die Masche« wird die Photographie eines Wollknäuels sichtbar, der auf einem gestrickten Untergrund liegt. Aus dem Faden des Wollknäuels wird eine gezeichnete weiße Linie, die sich zu einem Kleeblatt formt, dessen einzelne Blätter die Vorteile der neuen Sparform benennen: Gewinnchance, Steuervorteil, Sparkapital, Zinsen. Die Wiederholung der Worte »PS steuerfrei« auf einer rot unterlegten Bildleiste auf der rechten Seite betont neben dem Glückssymbol die Steuervorteile dieser neuen Sparform.

Das Plakat ist geprägt von einer Montagetechnik, die neben der Kombination von Photographie und Zeichnung mit dem modernen Verfahren der Wortwiederholung arbeitet. Diese ist dabei als quasi abstrakte, weil nicht direkt beziehungsvolle Form neben das eigentliche Hauptmotiv gesetzt. Wortleiste wie auch der gestrickte Hintergrund weisen eine Struktur auf, die aus der Wiederholung immer gleicher Elemente besteht. Es wird hier also eine Verwendung formal abstrakter Elemente sichtbar, die in dieser Form völlig neu in der Sparkassenwerbung ist. Bedenkt man nun, daß das Eichhörnchen-Plakat praktisch zeitgleich entstanden ist, so zeigt sich vielleicht an diesen beiden Beispielen am deutlichsten die enorme stilistische Spannweite der Sparkassenplakate am Anfang der fünfziger Jahre.

GESCHICHTE DES SPARKASSENPLAKATS: 1945–1965

1954–1959: Modernes und Restauratives
1954 wurde die Plakatserie im Comic-Stil durch eine neue Werbelinie ersetzt, die statt des Mottos »Er hat gespart, deshalb kann er sich was leisten…« eine neutralere und sachlichere Devise herausstellte. »Sparen erleichtert den Weg ins Leben« lautet das Motto eines dieser Plakate. Der der geometrischen Abstraktion verpflichtete Maler und Graphiker Anton Stankowski, der seit 1951 in Stuttgart arbeitet, hat es geschaffen. Das Prinzip der Plakatserie ist klar und einfach: ein stilisierter Pfennig dominiert die obere Hälfte des Hochformats. Aus ihm ist die Umrißform des jeweiligen Motivs, welches das angesprochene Sparziel symbolisiert, herausgeschnitten. Bei unserem Beispiel handelt es sich um die Photographie eines Kinderwagens, die, leicht nach rechts unten versetzt, das Sparziel – die Zukunftssicherung für den neuen Erdenbürger – visuell ausdrückt. Die kräftigen Farben und ihre nicht weniger kräftigen Kontraste, der Hintergrund ist in einer »Babyfarbe« gehalten, erhöhen den Aufmerksamkeitswert dieses Entwurfs ebenso wie das Prinzip der Montage von stilisierter Darstellung des Geldstücks und Photographie. Ein zweites Plakat macht deutlich, wie Stankowski mit diesem bewußt einfachen Prinzip überzeugende Lösungen zu finden vermag. Mit Buch, Rechenschieber und Zirkel stellt er die Berufsausbildung dar, die es durch frühzeitiges Sparen zu sichern gilt. Der Nüchternheit des Motivs entspricht die Wahl des farblichen Hintergrunds, er ist in kaltem Grau gehalten.

Auf dem Prinzip der Kombination von Photographie und Zeichnung beruht auch ein weiterer Entwurf Stankowskis für das August-Plakat 1954. Ein Kind deutet vor neutralem, weißem Hintergrund auf Kinderzeichnungen von einer Fabrik, einem Auto, Haus und Reiter. Die in kindlicher Schrift erscheinende Devise macht die Aussage hinlänglich deutlich: »Das wünsch ich mir, darum spare ich!« Gestik und Mimik des Kindes wirken, als ob das Kind einen Lehrer imitiert, der an der Tafel steht und etwas erklärt. Zusammen mit den nicht gerade bescheidenen Wünschen des kleinen Jungen wirkt dieses Plakat ironisch und hebt damit den Sparappell von der Ebene direkt moralischer Ansprache auf das Niveau einer eher distanzierten Bejahung des Spargedankens. Im zeitgenössischen Werbeheft zu dieser Abonnementsserie befaßt sich der Kommentar mit Grundlegenderem. »Kinder sind immer attraktiv. Der kleine Schelm, der auf dem August-Plakat erscheint und auf seine mit Farbstiften selbst dargestellten Sparwünsche weist, wird sein Ziel sicher erreichen: nämlich die Gedanken der erwachsenen Betrachter des Plakates auf den Wert des Sparens zu lenken. Und damit hätte auch er seine Aufgabe erfüllt!«

GESCHICHTE DES SPARKASSENPLAKATS: 1945–1965

Obwohl nicht alle Plakate so modern gestaltet wurden, wie wir es anhand der letzten Beispiele gesehen haben, ist ein deutlicher Trend zu stilistischen Neuerungen in der Mitte der fünfziger Jahre zu verzeichnen. Ausgenommen bleiben davon nur die Weihnachtsplakate, bei denen die Sparkassenwerber auf den Gefühlswert idyllischer Motive und Darstellungsformen setzten. So zeigt das Weihnachtsplakat von 1954 drei hintereinander gereihte Holzfiguren, vermutlich Nonnen, die singend das Weihnachtsfest preisen. Hinter ihnen erscheint vor einer hellblauen Mondscheibe das Sparkassenbuch, rechts daneben taucht eine verschneite, mittelalterliche Stadt aus dem kalten Nebel auf. Der Begleittext im Abonnementsheft dazu: »Ein Dezember ohne weihnachtlich gestimmte Plakate der Sparkassen ist kaum noch denkbar. Jetzt spürt der Sparer, was es bedeutet, gut zu wirtschaften, sein Geld zusammenzuhalten und dadurch in die Lage versetzt zu werden, den Angehörigen und sich selbst Festesfreude zu bereiten. In dieser Zeit sollte es keine Sparkasse versäumen, sich in die Kette weihnachtlicher Gedanken, die groß und klein beherrschen, einzuschalten.«

Im Gegensatz dazu steht das November-Plakat desselben Jahres, das den neuen Werbeslogan der Sparkassen herausstellt: »Die Sparkasse dient, rät, hilft«. Der Slogan markiert den Anfang einer Umorientierung der Sparkassen weg von einer reinen Vorsorgephilosophie hin zum Gedanken der Serviceleistung. Die Serviceangebote werden auf dem Plakat nicht mehr in Bildmotive umgesetzt, sondern als Schrift gestaltet. Sie erscheint in einer Komposition dreier horizontal liegender Rechtecke, die von einem schwarzen Liniengitter umfangen sind. Das Bildgefüge ist ganz flächig aufgefaßt und wirkt abstrakt. Denkt man sich die Schrift weg, erinnert der Entwurf an eine Ziegelsteinmauer oder aber an eine abstrakte Komposition, die entfernt mit den Werken eines großen Meisters der klassischen Moderne, Piet Mondrian, verwandt ist. Er war einer der radikalsten und konsequentesten Verfechter abstrakter Kunst in der ersten Jahrhunderthälfte, und die Adaption seines Stils in diesem Plakat macht deutlich, daß sich die Sparkassenwerbung den neuen Entwicklungen auf künstlerischem Gebiet nicht verschloß. Denn seit den fünfziger Jahren beherrschte die Abstraktion völlig das internationale Kunstgeschehen. Abstraktion galt als Ausdruck größter Modernität und signalisierte auf künstlerischem Gebiet den Anschluß der Bundesrepublik an die kulturelle Entwicklung des Westens.

Ein anderer künstlerischer Stil der klassischen Moderne fand ebenfalls Eingang in die Plakatkunst der Sparkassenwerbung. Er tritt allerdings nur selten hervor, so etwa in einem Prämiensparplakat.

GESCHICHTE DES SPARKASSENPLAKATS: 1945–1965

Sparen erleichtert
den Weg ins Leben
Anton Stankowski, 1954

Sparen sichert die
Berufsausbildung
Anton Stankowski, 1954

GESCHICHTE DES SPARKASSENPLAKATS: 1945–1965

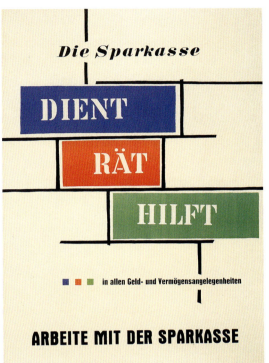

Das wünsch ich mir,
drum spare ich!
Anton Stankowski, 1954

Die Sparkasse dient, rät, hilft
1954

spielend sparen
und gewinnen!
1954

Auf einer Ebene erscheint im Hintergrund ein Prämienspar-Männchen, das ein Lasso wirft, mit dem es eine lachende, auf einer Kugel schwebende Frau mit Füllhorn einfängt. Die Frau stellt die alte allegorische Gestalt der Fortuna dar – des glücklichen Zufalls, der die Welt beherrscht – mit ihren traditionellen Attributen Füllhorn und Weltkugel. Die Szene spielt vor grünem Himmel auf einer ockergelben Ebene, auf der mehrere Kugeln liegen. Das gesamte Bild gleicht einem phantastischen Szenarium, dessen Botschaft dennoch einfach zu verstehen ist: wer prämienspart, dem winkt das Glück. Die Gestaltung einer solch phantastischen Szene ist beeinflußt durch die Kunst des Surrealismus, der – wie in diesem Entwurf auch – verschiedene Wirklichkeitsebenen in einem Bild zu vereinigen suchte und so zur Darstellung bisher unbekannter Bewußtseinszonen vorstieß. Inspiriert hat den Graphiker dieses Blatts sicherlich die Gestalt des Prämienspar-Männchens, das ja in sich selbst so etwas wie ein surrealistisches Bildmotiv darstellt.

Dieses Plakat gibt auch Auskunft darüber, wie wenig heute noch allegorische Darstellungen zu überzeugen vermögen. Waren noch bis zum späten 19. Jahrhundert bildliche Darstellungen abstrakter Begriffe, also Allegorien, weit verbreitet (man stellte etwa die »Industrie« als Frau mit den Attributen Hammer und Zahnrad dar), so findet man sie in der Gegenwart nur noch selten. Die Verbildlichung eines abstrakten Begriffs durch eine scheinbar reale Gestalt ist den Menschen im Zeitalter der modernen Industrie und Wissenschaft suspekt geworden. Sie wirkt auf uns phantastisch und unrealistisch, eben surreal. Diese Empfindung wurde zum Ausgangspunkt der Bildidee dieses Plakats, das sozusagen auf einer zweiten Ebene – neben dem eigentlichen Werbezweck – das moderne Unbehagen an solchen Darstellungen in eine surrealistische Szene umdeutet.

Seit der Währungsreform stellte die Werbung für den Giroverkehr einen Schwerpunkt in der Öffentlichkeitsarbeit der Sparkassen dar. Dies erklärt sich aus der Tatsache, daß das Girowesen vom Imageverlust des Sparens nach der Währungsreform nicht betroffen war. Daher war die Girokunden-Werbung für die Sparkassen ein geeigneter Ansatzpunkt, mit ihren künftigen Kunden ins Gespräch zu kommen. Die ersten Giroplakate der Nachkriegszeit stellten den Grundgedanken des Giroverkehrs in ganz traditioneller Weise dar: Das Girokonto verbindet die verschiedenen Berufe und das heißt natürlich auch die in verschiedenen Arbeitsprozessen tätigen Menschen miteinander.

Diesen Gedanken drückt das 1953 erschienene Plakat »Bargeldlos zahlen durch Spargiro« klar aus: Bäcker, Sekretärin, Arzt, Ingenieur,

Das Giroplakat

Signet der Werbung
für den Giroverkehr.
Seit 1929 wird es für alle
Aktionen eingesetzt.

GESCHICHTE DES SPARKASSENPLAKATS: 1945–1965

Zahle bargeldlos…
Marggraff 1953

Durch die Sparkasse überweisen
1956

Bürokraft und Hausfrau werden durch die Strahlen des Girozeichens, das der Sonne gleicht, miteinander verbunden. Die Strahlen des Spargiro-Signets sind Giroformulare, durch deren Benutzung die verschiedenen Berufe miteinander in Beziehung treten. Diese ikonographisch traditionelle Darstellung weicht Mitte der fünfziger Jahre einem neueren Darstellungstypus, welcher die Geschwindigkeit und Modernität des Girosparens betont. Das Plakat »Durch die Sparkasse überweisen« zeigt einen schräg nach rechts oben weisenden Pfeil, dessen schwarze Spitze das Giro-Signet trägt. Er wird geschnitten von einem sich verjüngenden blauen Farbband, auf dem eine Brieftasche liegt. Durch die schrägen, pfeilartigen Formen entsteht ein Eindruck von Dynamik, der nicht zuletzt auch wegen der abstrakten Gestaltung ein Gefühl von Modernität vermittelt.

Das Plakat »Zeitgemäß zahlen – bargeldlos zahlen« wird in der Broschüre für Werbemittel wie folgt kommentiert: »*Zeitgemäß zahlen – bargeldlos zahlen* ist ein Appell an den Fortschrittsdrang des modernen Menschen und an sein Rationalisierungs-Bedürfnis. Niemand möchte hinter seiner Zeit zurückbleiben und sich in Gefahr begeben, altmodisch zu sein oder dafür gehalten zu werden. Hier trifft das Leitmotiv des Monats psychologisch ›ins Schwarze‹, indem es den Weg zur zeitgemäßen, fortschrittlichen, rationellen Zahlungsart weist.«

Modern und fortschrittlich ist auch das Serviceangebot der Sparkassen, die ihre Kunden weniger als biedere Sparer anzusprechen suchen als vielmehr als anspruchsvolle Kunden. Dem entspricht die betont moderne Gestaltung jener Plakate, welche die Serviceleistungen der Sparkassen darstellen. Auch hier ragt wieder ein Entwurf Anton Stankowskis aus dem Jahre 1956 heraus. Auf einem Wegweiser, gebildet aus Markstücken und einer piktogrammartigen Zeichnung zweier Hände, wird auf die Serviceleistungen hingewiesen, welche die Sparkassen zu bieten haben. Die Aufschrift »zur Sparkasse« auf einer wegweisenden Hand macht aber nicht nur deutlich, was diese alles zu bieten hat, sondern suggeriert zugleich, daß man dort auch weiß, »wo es langgeht«. Stankowski arbeitet bei diesem Entwurf mit seinem bewährten Mittel der Montage von Photographie und Zeichnung und beschränkt sich in der Darstellung auf wenige Formen, womit eine Steigerung des Aufmerksamkeitswertes des Plakates erreicht wird.

Den vielleicht gelungensten Ausdruck des Stilempfindens der Zeit stellt ein weiteres Serviceplakat von 1959 dar. »Gut bedient und gut beraten« lautet seine Devise, die in schwarzer, geschwungener Schrift über das eigentliche »Motiv« gelegt ist. Letzteres ist eine asymmetrisch gerundete Form, die entfernt an eine Palette oder aber

Sparen, überweisen...
Anton Stankowski, 1956

Nierentisch und Wirtschaftswunder

GESCHICHTE DES SPARKASSENPLAKATS: 1945–1965

auch an einen Nierentisch erinnert. Damit taucht ein stilbildendes Element auf, das wohl in unserem Fall nicht genau gegenständlich zu identifizieren ist, das aber dennoch wie keine andere Form das Bild der fünfziger Jahre in unserer Vorstellung bestimmt: die gerundete und geschwungene Gestaltung des Nierentisches. In ihrem Zentrum steht das Sparkassen-S, von dessen Ecken jeweils verschiedene Farbflächen ausstrahlen. Obwohl in den Umrißlinien mit einer Malerpalette keinesfalls identisch, ruft die Gestaltung den Eindruck einer solchen hervor, und tatsächlich benennen die Beschriftungen der einzelnen Flächen die »ganze Palette« der angebotenen Dienstleistungen.

Kommen wir noch einmal auf die geschwungene Form des Nierentisches zurück. »Die Linienführung ist von gelöstem floralem Schwung… eine großangelegte Raumkurvatur… das Rechtwinklige wird durch das Bewegte und das Ondulierende ersetzt… seine Raumschwünge, vom Sockel abspringend, in einer Pirouette in den Raum voltigierend…« (Werner Haftmann). In dieser Beschreibung steckt mehr als nur die Betrachtung eines Werks des wichtigsten deutschen Bildhauers seiner Zeit – Hans Uhlmann –, sondern es ist zugleich »…das optimistische Gefühl einer neuen Modernität, einer neuen Dynamik, eines gewandelten Lebensgefühls – das charakteristische Lebensgefühl der fünfziger Jahre« (Paul Maenz).

Die geschwungene Kurvatur der Nierenform ist deshalb typischer Ausdruck der Zeit, weil sich darin all das formal ausdrückt, was in diesen Jahren nicht nur Deutschland bewegt hat. Es drückt sich in der Asymmetrie das Bedürfnis nach »Unordnung« der Form aus, Reaktion auf die hierarchischen (rechtwinkligen) Symmetrien eines monumentalen Stils, dessen sich nicht nur die Nazis vor dem Krieg bedient haben. Zugleich betont die asymmetrische Form das Bewegte, das Dynamische, also genau das, was das Kennzeichen einer Gesellschaft wurde, die sich von einem militärisch organisierten Gebilde zu jener »Wirtschaftswunder-Gesellschaft« wandelte, deren oberste Maxime das Wachstum war.

Doch dieses Wunder, das aus dem bescheiden lebenden Bürger der Vorkriegszeit ein Subjekt der »nivellierten Mittelstandsgesellschaft« (Schelsky) machte, welches sich vor allem durch seine Konsumwünsche definierte, hatte auch seine Kehrseiten. Der Dynamik wirtschaftlicher Entwicklungen entsprang nicht nur Beschäftigung und Wohlstand, sondern zugleich auch eine tiefe Verunsicherung der Menschen in der Wahl ihrer Lebensweise. Und über all dem lag noch die Angst vor dem Atomkrieg, der während der Phase des Kalten Krieges bedrohlich nahe lag. So war diese Zeit nicht nur durch einen

Gut bedient und gut beraten... 1959

GESCHICHTE DES SPARKASSENPLAKATS: 1945–1965

bedingungslosen Optimismus und Fortschrittsglaube gekennzeichnet, sondern auch durch ein Gefühl der Verunsicherung und Angst. Im Zuge des Kalten Krieges fand eine partielle Restauration der alten Machtverhältnisse statt: Wirtschaftsführer, die mit den braunen Machthabern kollaboriert hatten, erlangten wieder Führungspositionen, ehemalige Nationalsozialisten gelangten zum Teil wieder in öffentliche Ämter. Häufig restaurierten sich auch die alten Vorstellungen vom sozialen Zusammenleben. Die Frauen beispielsweise, die während des Krieges in der Heimat die Wirtschaft unter schwierigsten Bedingungen in Gang gehalten hatten, kehrten an den Herd zurück und gaben damit die Positionen gesellschaftlicher Gleichstellung preis, die sie sich heute erneut zu erkämpfen suchen. Unter diesem Aspekt waren die fünfziger Jahre nicht nur eine Epoche des Fortschritts und des Optimismus, sondern auch eine Zeit der Restauration alter Traditionen. Und auch diesen Teil der gesellschaftlichen und kulturellen Geschichte Deutschlands spiegeln die Sparkassenplakate wider. Eine genauere Darstellung dieses Aspekts bleibt dem zweiten Teil des Kapitels vorbehalten, hier sollen nur wenige Beispiele dieses Phänomen illustrieren.

Aufwärts durch Sparen
Richard Roth, 1957

So orientiert sich das Verhältnis von Mann und Frau wieder an alten patriarchalischen Vorstellungen, wie es ganz nebenbei der Entwurf »Aufwärts durch Sparen« von Richard Roth zeigt. Die Broschüre des Sparkassenverlags beschreibt das Plakat folgendermaßen: »Reale, gegenständliche Elemente sind... in eine traumhafte Szenerie gestellt, um ihnen Symbolkraft zu verleihen. Ein junger Mann führt ein junges Mädchen, der Bräutigam die Braut, der Ehemann die Gattin über die Stufenleiter der Sparsamkeit zu einem schöneren, finanziell gesicherten Leben nach oben.« Das scheinbar natürliche Verhältnis von Mann und Frau ist hier stark überhöht, denn es erscheint im traditionellen Motiv der »Himmelsleiter«, wie sie vor allem in der christlichen Kunst ausgeprägt wurde. »Aufwärts durch Sparen« gewinnt dadurch – zumindestens für den Kenner – paradiesische Züge, die zur beabsichtigten Aussage dieses Plakats nur schlecht passen.

Merkwürdig auch die weitere Erläuterung der Werbebroschüre. »Besonders der Jugend wird das Leitthema des Monats Ansporn und Mahnung zugleich sein. Gerade die Wünsche und Sehnsüchte junger Menschen werden durch zielstrebiges Sparen geläutert und durch die aufzubringende Geduld und das Wartenlernen auf ihren Bestand geprüft. ›Aufwärts durch Sparen‹ ist eine Rückversicherung vor der Überschätzung der eigenen Kräfte, aber auch eine Ermunterung, sie sinnvoll zu nutzen.« Also nicht nur das Bild von Mann und Frau beruft sich hier auf scheinbar Natürliches und Tradition, sondern auch der

gut bedient – gut beraten
1960

Kurs halten!
1957

Spargedanke erscheint in der puritanischen Ausprägung des 19. Jahrhunderts als Läuterung durch Triebverzicht.

Derartig konservative Inhalte finden sich auch in humorigen Darstellungen. Das Juli-Plakat des Jahres 1957 setzt die »Wärme und Heiterkeit dieser Jahreszeit« ins Bild. Es erscheint ein korrekt gekleideter junger Mann, der »sein Lebensschifflein durch die Wellen der Zeit« bewegt. Er wirkt wie ein Ausflügler, der im Sonntagsstaat den Vergnügungen der Freizeit frönt, ohne dabei über die Stränge zu schlagen. Die Parole »Kurs halten!« scheint eine wohlmeinende, aber überflüssige Aufforderung zu sein. Das macht auch der Text der Werbebroschüre deutlich: »Daß er den ›richtigen‹ Kurs hält, steht außer Frage.« Aber wohlmeinende Ratschläge, so jedenfalls die Auffassung der Tugendhaften, kann man nicht oft genug wiederholen. Der künstlerische Stil dieses Plakats ist typisch für eine Reihe dieser »humorigen« Entwürfe. Es sind Zeichnungen, welche die flächigen Qualitäten eines einfachen Druckverfahrens mit einbeziehen. Erinnerungen an farbige Witzblattzeichnungen der zeitgenössischen Illustrierten sind hier nicht zufällig.

Faßt man die Entwicklung der Sparkassenplakate bis zum Ende der fünfziger Jahre zusammen, so ergibt sich ein vielfältiges Bild. Über die allerersten Anfänge, die aus der Not der unmittelbaren Nachkriegszeit eine Tugend machten, spannt sich ein Bogen einer zunehmenden Differenzierung der verschiedenen stilistischen Darstellungsweisen bis hin zur Mitte des Jahrzehnts, in der die zunehmende Vorherrschaft moderner Stilmittel zu verzeichnen ist, die jedoch andere Varianten nicht verdrängt. Herausragender Repräsentant des modernen Stils ist Anton Stankowski, der mit seinen nüchtern konstruktiven Montagen künstlerisch einen Meilenstein in der Entwicklung des Sparkassenplakats gesetzt hat.

1960–1965: Fortschritt

Das Jahr 1960 bedeutet an sich keinen tiefen Einschnitt in der Geschichte des Sparkassenplakats, dennoch stellt es einen gewissen Markierungspunkt dar. Dieser ist weniger werbestrategischer Natur wie im Jahre 1965, sondern mehr stilistischer Art. Die frühen sechziger Jahre sind durch einen neuerlichen Schub künstlerischer Innovationen gekennzeichnet, die jedoch nicht mehr so radikal ausfallen wie die vorhergehenden.

Das Serviceplakat von 1960 deutet die Neuerungen exemplarisch an. Unter dem bekannten Slogan »Gut bedient – gut beraten« bietet ein Kellner das »Menü« der Sparkassen an. Kellner und Speisekarte sind nicht realistisch gestaltet, sondern nur zeichenhaft angedeutet. Vor rotem Grund wird die Figur des Kellners lediglich durch weiße Weste und schwarze Fliege sowie durch seine servile Haltung charakterisiert, den Kopf bildet ein Pfennigstück. Mit der Hand hält er eine im Umriß wiedergegebene Speisekarte, auf der unter dem Sparkassen-Signet die Serviceleistungen der Sparkassen verzeichnet sind. Auch dieser Entwurf arbeitet mit dem Verfahren der stilistischen Vereinfachung, wie wir es von den vielen gezeichneten Plakaten her kennen, aber er geht noch einen Schritt weiter. Der Kellner wird nicht mehr als ganze Figur in ihren Umrissen wiedergegeben, sondern aus drei Teilen zusammengesetzt: aus dem Pfennig als Kopfform, dem geschwungenen Oval als Hemdbrust und der Hand. Somit haben wir genaugenommen keine von einer wirklichen Figur abstrahierte Darstellung vor uns, sondern eine zeichenhafte Darstellung. Die Figur ist aus drei Formen so zusammengesetzt, daß erst deren Summe das Motiv zu erkennen gibt. Einzig Hand und Fliege sind auch als Einzelformen gegenständlich zu identifizieren.

Das hier angewandte Darstellungsverfahren entstammt den Erkenntnissen der modernen Kunst zu Anfang unseres Jahrhunderts. Pablo Picasso und Georges Braque haben es in der Phase des synthetischen Kubismus in den Jahren 1912 bis 1914 entwickelt. Es beruht auf der Erkenntnis, daß Menschen Gegenstände nicht nur vermittels einer mehr oder minder genauen photographischen Abbildung wiedererkennen können, sondern auch durch die bloße zeichenhafte Andeutung. Wie in unserem Fall bedarf es also zur Darstellung des Kellners lediglich der Kombination ungegenständlicher Formen mit ein paar typischen Merkmalen, und schon kann das Motiv erkannt werden. Hierbei vermittelt eine an sich ungegenständliche Form durchaus auch einen bestimmten Ausdruck, so die schräge Ovalform der Hemdbrust, die durch ihre vorgebeugte Lage die servile Haltung des Kellners verdeutlicht. Einen witzig-ironischen Zug bekommt dieses Plakat aufgrund des Gegensatzes zwischen dem angedeuteten würdigen Auftreten und Aussehen des Kellners und der betont einfachen Gestaltung, namentlich in dem Pfennigstück, das von seinem Wert her in keiner Relation zu dem vornehmen Menü steht, das da vom Kellner angeboten wird. Damit wird zugleich angedeutet, daß die Sparkassen auch dem kleinen Kunden mit ihrer vollen Serviceleistung zur Verfügung stehen.

Moderne Gestaltung zeichnet auch ein Plakat aus, welches der Kundenwerbung im landwirtschaftlichen Bereich dient. Der Entwurf »Sparkassenkredit fördert den Fortschritt« gibt wohl sein Motiv – einen Mähdrescher – in traditioneller Gestaltung wieder, aber der

GESCHICHTE DES SPARKASSENPLAKATS: 1945–1965

Gut haushalten…
PA, 1962

Sparkassenkredit
fördert den Fortschritt
1960

GESCHICHTE DES SPARKASSENPLAKATS: 1945–1965

Gesamteindruck trägt doch unzweifelhaft moderne Züge. Denn das Weizenfeld ist als gelber Keil unterhalb des Mähdreschers nur noch angedeutet, während der gesamte Rest der Bildfläche von einem gegenständlich nicht erklärbaren Grün dominiert ist. Durch den gelben Keil und der ihm spiegelbildlich entsprechenden weißen Form oberhalb der Landwirtschaftsmaschine entsteht eine quasi abstrakte Komposition um die horizontale Mittelachse. Aber auch noch etwas anderes wird sichtbar: die grünen Flächen bilden ein großes »S«! So spricht dieses Plakat unterbewußt die Verbindung von Landwirtschaft (grün), Sparkasse (»S«) und Fortschritt (abstrakte Gestaltung) auf einfallsreiche und zugleich einfache Art und Weise an.

Das 1962 entstandene Plakat »Gut haushalten – Sparen gehört dazu« weist einen verwandten Stil auf. Auch hier gestaltet der Graphiker seinen Entwurf in kräftigen, hellen Farben und in »eckiger« Manier. Um das Sparbuch gruppieren sich trapezförmige Farbflächen, die verschiedene Gegenstände einer Hauswirtschaft zeigen: Bekleidung, Lebens- und Genußmittel. Der Slogan »Sparen gehört dazu« macht es hinlänglich deutlich. Dieses Plakat stammt aufgrund seines abstrakten Kompositionsprinzips, seiner Farbigkeit und seiner »eckigen« Formensprache vermutlich von demselben Graphiker, der auch das vorhergehende Plakat geschaffen hat. Es deutet übrigens auf ein Formgefühl hin, das sich von dem der fünziger Jahre zu unterscheiden beginnt.

Ein neues Motiv bietet ein Entwurf aus dem Jahr 1964. Thema sind wieder Kredite für die Landwirtschaft. Dieses Mal wird die Devise »Sparkassenkredit fördert den Fortschritt« motivisch-kausal zur Darstellung gebracht. Vor blauem Grund sind zwei Scheiben zu sehen, die durch einen Treibriemen miteinander verbunden sind. Markstück und Traktor bilden die beiden Pole dieser Kraftübertragung, ihre Bedeutung ist einfach zu verstehen: Geldkredit fördert Investitionen in Produktionsmittel, diese wiederum schaffen mehr Gewinn.

Sparkassenkredit
fördert den Fortschritt
1964

Es handelt sich bei diesem Motiv um eine der wenigen Innovationen in der Ikonographie des Sparkassenplakats. Eine solche Erfindung ist hoch zu bewerten, denn die Graphiker müssen die über lange Zeiträume konstanten Argumente ihres Auftraggebers in immer neue Bilderfindungen umsetzen, deren motivisches Repertoire zwangsläufig beschränkt ist. Die Entdeckung eines neuen überzeugenden Motivs ist daher nicht einfach und legt Zeugnis ab von der Kreativität seines Erfinders.

Mit dem Treibriemen fand der Graphiker PA ein Motiv, welches als zeittypisch anzusehen ist. Es gibt dem Fortschrittsglauben Ausdruck,

Sparkassenkredit
fördert den Fortschritt
1964

der sich häufig in den Kreditplakaten für die Landwirtschaft findet. Werbung für die technische Modernisierung ist die Devise. So zeigt beispielsweise ein »Zusatzplakat für die Landwirtschaft« aus dem Frühjahr 1964, das für Sparkassenkredite wirbt, in stilisierter Darstellung zur Linken alte Fachwerkhäuser in einem Dorf, während rechts das große moderne Gehöft eines Aussiedlers erscheint. Die Farbigkeit, links das alte Dorf in schmutziges Grünbraun getaucht, rechts der Aussiedlerhof in strahlend hellen Farben, macht das erstrebenswerte Ziel hinreichend deutlich.

Heute, zu Beginn der neunziger Jahre, wäre ein solches Plakat nur noch als Antiwerbung zu gebrauchen. Dies liegt jedoch weniger an der graphischen Qualität des Entwurfs als vielmehr an einer völlig veränderten gesellschaftlichen Einstellung den überkommenen Lebensräumen gegenüber. Galten noch Anfang der sechziger Jahre moderne Bauformen und Materialien als fortschrittlich, so hat sich heute ein Sinn für das Historische entwickelt, der auch im ländlichen Raum gewachsene Lebensräume und Bauformen zu erhalten sucht. Technische Modernisierungen werden heute oft nur noch als Notwendigkeiten akzeptiert, und es wird häufig versucht, dennoch die gewachsene Substanz zu erhalten. An einer derart gewandelten gesellschaftlichen Einstellung zeigt sich ein typisches Merkmal der Plakatkunst überhaupt – ihre Zeitgebundenheit. Diese macht die Plakate neben ihrem gestalterischen Gehalt auch stets zu hervorragenden Bilddokumenten ihrer Zeit.

Als zeittypisch darf auch eine Reihe von Plakaten angesehen werden, die ausschließlich der Werbung für den Außenhandel dienen. Sie verweisen auf einen kaum überschätzbaren Aspekt des bundesdeutschen Wirtschaftswunders – die Abhängigkeit von der Exportwirtschaft. Diese Entwicklung setzte Anfang der fünfziger Jahre ein, und die Sparkassen waren mit dabei. Werbung für den Außenhandel richtet sich nicht an den kleinen Bankkunden, sondern an die Unternehmen. Diese werden jedoch nicht per Plakat als Kunden geworben, sondern direkt von den Bankinstituten angesprochen. Die Außenhandelsplakate dienen daher weniger der Ansprache zukünftiger Kunden als vielmehr den Bemühungen, sich öffentlich als leistungsfähige Geschäftsbanken darzustellen. Diese Plakate sind also nicht nur eine Ansprache der Adressaten-Gruppe »Unternehmen«, sondern dienen zugleich auch der Verankerung der Tatsache im öffentlichen Bewußtsein, daß Sparkassen mehr sind als nur Institute für Spareinlagen.

Die ersten Außenhandelsplakate stehen völlig in der Tradition althergebrachter Handelsdarstellungen. So zeigt ein Plakat von 1954

Plakate zum Außenhandel

GESCHICHTE DES SPARKASSENPLAKATS: 1945–1965

Export – Import
Gert Buehl, 1954

Außenhandel
1952

In aller Welt…
1958

Auslandsgeschäfte…
Eggstein, 1962

GESCHICHTE DES SPARKASSENPLAKATS: 1945–1965

Frachtgut, das von einem Kran gerade verladen wird. Der Text, der so gestaltet ist, daß er an eine Fahne erinnert, suggeriert zusammen mit dem Hintergrund die Vorstellung einer Schiffsverladung nach Übersee.

Das Fremde und zugleich Exotische kommt in einem früheren Entwurf direkt ins Bild. Ein Schwarzer trägt vor tropischem Hintergrund seine Ware auf dem Rücken. Dieses Plakat, das die erste Außenhandelswerbung der Sparkassen überhaupt ist, zeigt vom Typus her den Außenhandel als Kolonialwarenhandel, wie er im Zeitalter des Imperialismus und Kolonialismus vor dem Ersten Weltkrieg dargestellt wurde.

Moderner und realistischer ist da schon das Außenhandelsplakat von 1958, das als Motiv eine nicht ganz ausgerollte Weltkarte zeigt, auf der eine Nadel mit den Symbolen der Sparkassen, die in alle Himmelsrichtungen weisen, den Ausgangspunkt der Handelstätigkeiten markiert. Die geographische Verankerung der Nadelspitze – nicht in Mitteleuropa, sondern in Rußland – dürfte dabei weniger eine Wunschvorstellung der Sparkassen als vielmehr einen Irrtum des Graphikers darstellen.

Motivisch modern und gestalterisch interessant ist ein weiterer Entwurf aus dem Jahre 1962. Dieses Plakat, das nüchtern die Schrift in den Vordergrund stellt und als einziges Motiv mit Meridianen eine Weltkugel andeutet, weist einen interessanten Hintergrund auf. Er besteht aus einer monochrom roten Struktur, die sich bei genauerem Hinsehen als fotomechanische Reproduktion eines mit Pinselstrichen gemalten Hintergrundes erweist. So entsteht ein Bildgrund, der interessant wirkt, weil er fremdartig ist und nicht so ganz zur Nüchternheit des Plakats zu passen scheint. Richard Eggstein, der Graphiker dieses Entwurfs, verarbeitet hier gewisse Erfahrungen der abstrakten Kunst seiner Zeit. Seit Beginn der Abstraktion nach dem Krieg spielte das Malmaterial für die Entstehung eines Bildes eine zunehmend wichtigere Rolle. Künstler, wie Jackson Pollock, machten die Materialität der Farbe sogar zu einem immanenten Bestandteil ihres Malprozesses, der deutsche Maler Emil Schuhmacher nannte das Malen eine Tätigkeit, die in ihrer sinnlichen Qualität dem Biß in einen Apfel vergleichbar sei. Der gemalte Hintergrund des Plakats macht ein ähnliches Gefühl dem Material Farbe gegenüber deutlich.

etwas sparen…
1963

Einen weiteren interessanten Entwurf stellt ein Sparplakat aus dem Jahr 1963 dar. Vor blauem Grund erscheinen die Symbole eines Sparbuchs, eines Hauses und einer Krone. Die ihnen zugeordnete Schrift konkretisiert in derselben Reihenfolge »etwas sparen – etwas haben – etwas sein«. Der hohe Aufmerksamkeitswert dieses Sparplakats resultiert neben seiner farblich kräftigen Gestaltung und der zeichenhaften Darstellung der Motive auch aus dem Kontrast von graphischer Formensprache und Photographie. Inhaltlich gibt sich das Plakat geradezu anmaßend, denn die suggerierte Verbindung, daß man sich als sparsamer Hausbesitzer wie ein König fühlen könne, spielt ausschließlich auf den Prestigewert des Eigentums an. Diese Komponente, mit dem Prestige des Eigentums zu werben, findet systematisch erst in den achtziger Jahren Verwendung.

Ein nüchterner Sparappell ist dagegen auf der Photomontage »Mit dem Einkommen auskommen« zu finden. Der Reißzirkel, der das vorhandene Geld genau aufteilt, und die als vertikale Leiste streng geordneten Geldstücke verweisen auf das Sparen durch genaue Einteilung. Dieses Plakat repräsentiert eine neue stilistische Tendenz, die sich im Laufe der sechziger Jahre zunehmend ausprägt. Es ist die Zurückdrängung der graphischen Arbeiten zugunsten der Photomontage. Diese bildet vor allem ab 1963 gestalterisch eine eigene Werbelinie, deren künstlerische Qualität aber über das oben besprochene Beispiel nicht hinausragt.

Grüner Plan?
1964

Neben dem bereits besprochenen Entwurf »Mit dem Einkommen auskommen« fällt nur eine verblüffend einfache Lösung zum »Grünen Plan« ins Auge. Sie zeigt eine grün hinterlegte Photographie von Getreidefeldern mit dem Motto: »Grüner Plan? Zinsverbilligung? Fragen Sie uns«. Für die angesprochene Kundengruppe, die Landwirte, war dieses Plakat sofort verständlich. Im Grünen Plan ging es darum, die vielen kleinen Parzellen der Bauern so umzulegen und ertragsmäßig zu verbessern, daß eine rationelle Bewirtschaftung überhaupt möglich wurde. Da der Grüne Plan damals ein fester Begriff war, der von jedermann verstanden wurde, bedeutete auch das grün unterlegte Luftbild nicht flurbereinigter Felder eine leichtverständliche Botschaft.

Betrachtet man die Plakate der frühen sechziger Jahre zusammenfassend, so ist unter stilistischen Gesichtspunkten eine fortgesetzte Korrespondenz zwischen den künstlerischen Entwicklungen und den Plakatentwürfen festzustellen, wie sie schon für die fünfziger Jahre konstatiert wurde. Gegenüber einer rein graphischen Plakatgestaltung gewinnt um 1964 die Photomontage an Gewicht, ein Phänomen, das sich in den folgenden Jahren als Grundtendenz der weiteren stilistischen Entwicklung der Sparkassenplakate zeigen wird.

GESCHICHTE DES SPARKASSENPLAKATS: 1945–1965

**Schulspar-
plakate**

1950

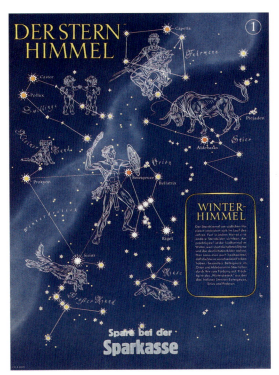

1955

1959

1959

Die ersten Weltspartagsplakate nach dem Zweiten Weltkrieg

1952

1953

1954

1957

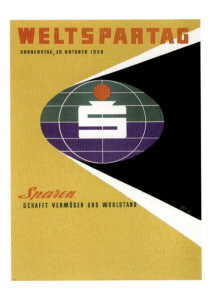
1958

1962

DIE MOTIVE DER FÜNFZIGER JAHRE

Die Motive der fünfziger Jahre und ihre Bedeutung

Frau und Familie

Im folgenden werden diejenigen Themen und Motive dargestellt, welche die Sparkassenplakate der Jahre 1945 bis 1964 prägen. Dabei ergeben sich die Themenschwerpunkte aus dem Werbezweck und dem angesprochenen Kundenkreis. Der wichtigste Ansprechpartner für die Sparkassen war zu dieser Zeit – und ist es heute noch – die Familie, die kleinste wirtschaftliche Einheit in unserem Gesellschaftsgefüge, deren soziale Ziele feste Konstanten haben: Existenzsicherung, Hausbau und Vorsorge für die Kinder.

Zentrum der Familie ist die Frau, welche als Hausfrau und Mutter die Hauswirtschaft innehat und für die Kindererziehung verantwortlich ist. Im ersten Teil wurde bereits gezeigt, daß die Lage der Frau in den fünfziger Jahren großen Veränderungen unterworfen war. So trugen im Krieg und in der unmittelbaren Nachkriegszeit die Frauen das soziale und wirtschaftliche Leben, die Männer befanden sich an der Front oder in Kriegsgefangenschaft. Nach der Währungsreform änderte sich die gesellschaftliche Rolle der Frauen dramatisch. Viele verloren ihren Arbeitsplatz; »...die Kriegsheimkehrer wurden bevorzugt; 1951 waren 57 Prozent der Erwerbslosen Frauen, im Vergleich zu knapp 43 Prozent Männern. Damit wurden die Frauen wieder vom Einkommen des Mannes abhängig; die Männer übernahmen erneut die Rolle des Ernährers und des ›Haushaltsvorstandes‹. Die patriarchalischen Strukturen verstärkten sich.« (Hermann Glaser)

Sparen – für später
Alexander Wagner, 1951

So entsteht bei der Betrachtung der Plakate eine Kontinuität des Frauenbildes, welche die reale gesellschaftliche Stellung der Frau in der unmittelbaren Nachkriegszeit nicht gerade widerspiegelt. Die ersten Formulierungen zu Anfang der fünfziger Jahre zeigen dies deutlich. In dem Plakat »Sparen – für später«, das unter stilistischen Gesichtspunkten bereits besprochen wurde, wird ein Mädchen gezeigt, das auf seine spätere Heirat spart, indem es Rücklagen für seine Aussteuer schafft. Abgesehen von dem Sparziel Aussteuer, das an sich schon einen sehr eingeschränkten Wunschhorizont suggeriert, ist auch die Zielvorstellung weiblicher Lebensweise traditionellen Vorstellungen verhaftet: Höchstes Ziel der Frau bleibt die Heirat und die damit verbundene Existenz als Hausfrau und Mutter.

Ausschließlich in diesem Rollenbild als Ehefrau, Hausfrau oder Mutter erscheint die Frau auch fortan auf den Werbeplakaten – lediglich auf einem Giroplakat wird sie als Teilnehmerin in der Arbeitswelt zur Darstellung gebracht. Die Kontinuität der traditionellen Frauenrolle wird sogar das Thema eines Plakats aus dem Jahre 1959, auf welchem eine ergraute Mutter zu sehen ist, die ihrer Tochter oder

Gut haushalten…
1959

an später denken
1956

Schwiegertochter das Sparkassenbuch zeigt. Der Slogan »Gut haushalten – Sparen gehört dazu« macht zusammen mit den Schürzen der beiden Frauen deutlich, welche Lebenssphäre sie verantwortlich zu verwalten haben. Der Begleittext in der Werbebroschüre des Sparkassenverlags belegt dies mit Fakten: »Frauen verwalten das Geld. 69% aller Familienväter erklärten bei einer Umfrage, daß sie ihren Verdienst ganz oder zum überwiegenden Teil von der Hausfrau verwalten lassen.«

Als Mutter, die auch finanzielle Vorsorge für ihre Kinder betreiben muß, erscheint die Frau häufiger. Zwei Plakate sollen dies demonstrieren. Einmal eine Arbeit aus dem Jahre 1956, die eine Mutter an einer Wiege zeigt, die aus dem Sparkassenbuch gebildet ist, und einmal eine Photomontage aus dem Jahre 1964, welche eine Mutter mit ihrem Sohn darstellt, dem sie offenbar das gute Haushalten und Sparen erklärt.

Das eingeschränkte Bild der Frau als Hausfrau und Mutter, welches sozialhistorisch das Ideal der bürgerlichen Familie repräsentiert, besitzt noch eine weitere Komponente, die den patriarchalischen Charakter dieses Ideals erst deutlich zum Vorschein bringt. Diese Komponente wird in der Darstellung des Verhältnisses von Mann und Frau sinnfällig. Es gibt kaum Beispiele, die das Partnerschaftliche in einer Familie betonen, wie etwa in einem Entwurf aus dem Jahre 1953, dessen Text »Wenigstens einen Notgroschen!« auf die Notwendigkeit von Ersparnissen in Notfällen anspielt und die Solidarität einer Familie zeigt, die unter einem aus einer Münze gebildeten Schirm Schutz findet. Durch das gemeinsame Halten des Schirms wird dabei das partnerschaftliche Verhältnis innerhalb der Ehe ausgedrückt. Dieses Beispiel bleibt jedoch singulär. Häufiger finden sich dagegen die Plakate, welche Mann und Frau im alten Rollenverhältnis zeigen. Hier wird die Restauration patriarchalischer Leitbilder, von denen im obigen Zitat die Rede war, deutlich. Auf dem Plakat »Sparen – sicher fahren« erscheint der Bräutigam als Lenker eines Wagens, der weniger ein reales Auto darstellt – das 1955 noch für die wenigsten erschwinglich war – als vielmehr ein Fahrzeug, das er sicher durchs Leben steuert. Wer hier der »Haushaltsvorstand« ist und das Sagen hat, wird so klar gezeigt. Dieser Führungsanspruch des Mannes dokumentiert sich auch in späteren Arbeiten, so in zwei Photomontagen von 1964. Sie zeigen jeweils, wie der Mann voranschreitet und die Frau ihm folgt, dies auch dann, wenn der Mann ein offenbar aufgeschlossener moderner Vater ist, der sein Kind auf dem Arm trägt. Eine Zeitzeugin beschreibt die restaurierten patriarchalischen Verhältnisse in ihrer Familie so: »Als mein Mann wieder den Haushaltsvorstand übernahm, kam ich mir

DIE MOTIVE DER FÜNFZIGER JAHRE

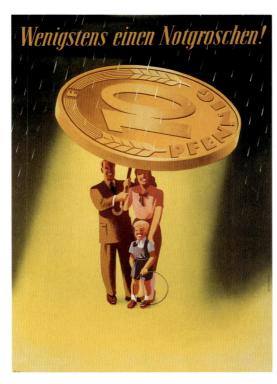

Wenigstens einen
Notgroschen
Walter Müller, 1953

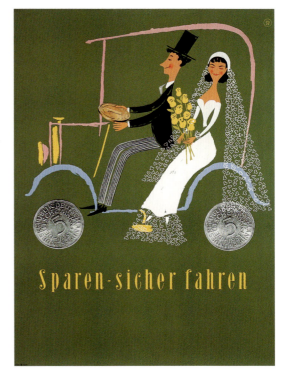

Sparen – sicher fahren
Südgraphik, 1955

Gut haushalten hilft sparen
1964

Geld zum Barkauf
1964

DIE MOTIVE DER FÜNFZIGER JAHRE

richtig überflüssig vor. Er hat mich irgendwie spüren lassen, daß er meinte, ich hätte das auch alles nicht so gut hingekriegt ohne ihn. Er hat dabei völlig übersehen, daß es eine ganz andere Zeit war, in der es zum Beispiel viel schwerer war, an einen Zentner Kohlen ranzukommen, den es nirgendwo zu kaufen gab.« (Sybille Meyer und Eva Schulze: Von Liebe sprach damals keiner. Familienalltag in der Nachkriegszeit. München 1985.)

Kaufen

Wohnungen durch Sparen 1955

gut haushalten! 1954

Neben dem oben besprochenen Bereich, der die langfristigen und grundlegenden Bedürfnisse einer Familie anspricht, spielt für die Plakatwerbung der Sparkassen auch das Thema »Sparen für gehobene Gebrauchsgüter« eine wichtige Rolle. Die ersten Plakate, die dafür werben, stellen dabei Gegenstände wie Kleidung und Möbel als gleichrangige Anschaffungswünsche dar. Das Plakat »Spargeld macht das Kaufen leichter«, auf dem aus dem Eichenbäumchen eines Sparpfennigs die Gegenstände des täglichen Lebens sprießen, reflektiert noch die unmittelbaren Nachkriegsverhältnisse, in denen Mangel an allem herrschte und die Konsumwünsche daher auf das Allernotwendigste fixiert waren. Doch schon wenige Jahre danach werden die Anschaffungswünsche in der Plakatwerbung differenzierter angesprochen. So zeigt das Plakat »Wohnungen durch Sparen« (Juli 1955) ein modernes Wohnzimmer, das vor dem Hintergrund einer Ziegelmauer in der eckigen Umrißform einer Sparkasse erscheint. Eine solche Wohnzimmereinrichtung steht nun für gehobene Ansprüche, Kleidung gehört längst nicht mehr dazu.

Siehe Seite 105

Die Gegenstände des täglichen Bedarfs erscheinen auf den Plakaten unter dem Motto »Gut haushalten – Sparen gehört dazu«. Dabei ist ein interessanter Wandel festzustellen. Während 1954 (Februar) auf dem Plakat ein Einkaufsnetz mit Lebensmitteln zu sehen ist, das unter anderem Spaghetti, Essig und eine Dose Früchte enthält, erscheint 1962 unter demselben Motto eine reiche Palette von Konsumgütern: Bekleidung, Lebens- und Genußmittel. Zu den unter den täglichen Bedarf fallenden Waren sind Genußmittel und Kleider hinzugekommen, sie werden also nicht mehr als langfristig zu planende Anschaffungsziele aufgefaßt. Hierin zeigt sich der erreichte Wohlstand, den das »Wirtschaftswunder« innerhalb eines Jahrzehnts geschaffen hat.

Siehe Seite 127

Auch die wirtschaftliche Entwicklung spiegelt sich in den Sparkassenplakaten wider, wobei ein grundlegender Wandel zu verzeichnen ist. Die gute Ertragslage der Nachkriegszeit beruhte unter anderem auf dem ständig vorhandenen Warenbedarf eines zerstörten Landes.

DIE MOTIVE DER FÜNFZIGER JAHRE

Durch diesen war das wirtschaftliche Wachstum gesichert, auf dem die Vollbeschäftigung und damit der Wohlstand aller ruhte. Mit der Deckung der notwendigen Bedürfnisse Anfang der sechziger Jahre drohte allerdings auch das Wirtschaftswachstum zu stagnieren. Mit neuen Angeboten und einer veränderten Werbestrategie versuchte man nun, den Konsumenten zu gewinnen. Mit dem Plakat »Geld zum Barkauf – Geld für jeden Zweck« (März 1964), das einen Mann und eine Frau mit Einkaufspaketen zeigt, wird für Kleinkredite geworben. Der Sparkassenkunde wird hier von den Sparkassen erstmals als Konsument angesprochen, der seine Bedürfnisse nicht mehr durch eifriges Sparen erfüllen soll, sondern durch die Aufnahme eines Kleinkredites. Aus der Philosophie des Maßhaltens ist eine Philosophie des kalkulierten Geldausgebens geworden. Dieses Plakat ist wohl nicht das historisch früheste Beispiel der Werbung für Kleinkredite, wir finden sie schon auf Plakaten von 1963, aber es ist das erste, das den Konsumwunsch als kreditwürdig propagiert.

Siehe Seite 139

Dieser Einstellungswandel ist nicht nur bei den Sparkassen zu entdecken, vielmehr spiegelt er seinerseits nur die veränderte Haltung der Gesellschaft gegenüber dem Sparen. Denn angesichts eines Wirtschaftsmechanismus, der auf Umsatz und Wachstum angewiesen ist, erscheint Sparen als etwas Anachronistisches. Sparen dient jetzt nicht mehr ausschließlich der Vorsorge oder einer großen Anschaffung, sondern es ist nur die Form einer Geldanhäufung für teure Konsumgüter. Das wirtschaftstheoretische Fundament dieses Wertewandels wurde von dem englischen Wirtschaftswissenschaftler John Maynard Keynes (1883 – 1946) entwickelt. Er verstand das Wirtschaftsgefüge als einen geschlossenen Funktionszusammenhang, der vor allem durch die Aktivierung aller Kapitalien in reibungslosem Gang gehalten werden kann. »Das Vorsorgesparen als absolutes Ingredienz der Werbephilosophie war gegenstandslos. Der Umdenkungsprozeß, welcher mit der Keynesschen Theorie eingeleitet worden war, verstand das Sparen nicht mehr als einzelwirtschaftlichen Vorgang im Sinne eines bewußten Konsumverzichts, sondern als gesamtwirtschaftliches Anliegen, wobei als Sparen alle nicht zu konsumptiven Zwecken verwendeten Teile des Volkseinkommens begriffen wurden. Der individuelle Sparvorgang wurde als Ursache... für eine mangelnde Kapazitätsauslastung... angesehen. Die traditionelle Theorie forderte demgegenüber die Sparwerbung, um die individuelle Ersparnisbildung zu beschleunigen, während die Realisierung der Keynesschen Gedanken dem einzelwirtschaftlichen Sparvorgang ein statisches Verhalten zuordnete.« (Emmerich, S. 187)

DIE MOTIVE DER FÜNFZIGER JAHRE

Demgemäß stellt auch die Werbung für den Kleinkredit ein wirtschaftlich sinnvolles Verhalten dar, das allerdings latent mit dem ursprünglichen Spargedanken kollidiert.

Haus und Bauen

Die Werbung für das Sparen, um später bauen zu können, stellt einen traditionellen Sektor der Sparkassenwerbung dar. Dieser ist in seinem Leitbild keiner großen Wandlung unterworfen. Ziel des Bausparers bleibt das freistehende Haus mit großem Garten, ein Haustyp, welcher offenbar über alle Zeitabschnitte hinweg die Wunschvorstellung menschlichen Wohnens repräsentiert. Diesen Haustyp finden wir auf einem der ersten Nachkriegsplakate ebenso wie auf späteren Entwürfen, etwa einem aus dem Jahr 1958.

Bausparen
Alexander Wagner, 1949

Die Verbindung von Sparen und Bauen erfolgt bei dem Plakat von 1958 auf bewährte Weise: die Motive Geld und Haus werden miteinander verknüpft. Eine immer wieder benutzte Bildidee ist dabei der »Geldweg«, der zum erwünschten Haus führt. Die Markstücke führen, wie ein Weg aus Steinplatten, zu dem im Rohzustand befindlichen Haus, auf dessen First noch die Aufrichttanne befestigt ist. Der Begleittext zu dem Plakat lautet: »Das höchste Sparziel, das der Mensch haben kann, ist und bleibt das eigene Heim, in dem *Er* wirklich Hausherr und *Sie* wirklich Hausfrau in der Worte ursprünglicher Bedeutung sein können. Das Motto ›gespart – gebaut‹ ist gleichzeitig Symbol des Sparens für ein bestimmtes Ziel. Es läßt deutlich werden, daß selbst unerreichbare Wünsche durch stetiges Sparen erfüllbar sind.« Der Text zeigt, daß der Wunsch nach einem Haus von der Familie ausgeht, die im Haus die ihr angemessene Wohnung zu finden hofft. Daher rührt auch die häufige Verbindung von Familie, Sparen und Haus, welche auf vielen Plakaten zu finden ist.

Reise

Einen weiteren traditionellen Sektor der Sparkassenwerbung stellt die Reisewerbung dar. Dabei sind drei Werbeziele voneinander zu unterscheiden: erstens die Sparwerbung, die das Zielsparen für eine Reise propagiert, zweitens die Werbung für das bargeldlose Reisen und drittens die Werbung für den Devisenumtausch. Doch trotz unterschiedlicher Werbeziele geht es letztlich um das Reisen, so daß motivisch kein prinzipieller Unterschied zwischen den Plakatgruppen besteht.

Das klassische Sparkassenplakat zum Thema Reisen, welches das Sparen für die Urlaubsreise propagiert, zeigt auch die immer wiederkehrende Kombination des Sparbuchs mit dem typischen Reisemotiv

DIE MOTIVE DER FÜNFZIGER JAHRE

gespart – gebaut
Dietrich, 1958

Sparen – ein gutes Fundament
S + H Lämmle, 1955

Erst sparen – dann fahren
PA, 1959

Ferienfreuden vorbereiten
PA, 1962

sparen, bauen …
1963

Erst sparen – dann fahren 1959

DIE MOTIVE DER FÜNFZIGER JAHRE

schlechthin – der Urlaubslandschaft. So etwa auf dem Plakat »Erst sparen – dann fahren«. Neben Reisenden und Sparbuch erscheint im Hintergrund die Ferienlandschaft mit Bergen, kleiner Stadt, Strand und Meer. Der Kommentar im Begleitbuch benennt das Werbeziel: »Reisesehnsucht wecken ist die Aufgabe des sommerlichen Entwurfs, dessen freundschaftliche Mahnung, doch erst für das notwendige Geld zu sorgen, im liebenswürdig skurrilen Gefährt Gestalt gewinnt.«

Äußerst einfallsreich ist eine Werbung für das Reise-Sparen. »Für den Urlaub sparen…« zeigt, wie drei unterschiedlich gekleidete Menschen aus einem Sparkassenbuch schreiten: eine Frau im Badeanzug mit Strohhut, ein Wanderer und eine Skifahrerin. Dieser Entwurf ist nicht nur auffallend, sondern es gelingt ihm auch, verschiedene Reisemöglichkeiten in einem Bild zur Darstellung zu bringen und damit die vielfältigen Wünsche vieler Menschen auszudrücken.

Originell ist auch ein an sich unauffälliges Sparplakat von 1963: »Ferienfreuden vorbereiten: Sparen.« Es zeigt die Ferien mit keinem der bereits genannten Motive, sondern sie werden nur mit einer Landkarte angedeutet, deren Rückseite ein Sparbuch bildet. Diese Landkarte ist wohl nicht zufällig eine Straßenkarte. Denn mit dieser deutet der Graphiker ein neues Massentransportmittel für die Urlaubsreise an – das Auto. Ein weiteres interessantes Motiv für das Reise-Sparen stellt ein Entwurf aus dem Jahr 1962 vor. Er zeigt neben Sparbuch und Markstück eine Windrose im Hintergrund, deren kräftig bunte Farben wohl Urlaubsgefühle vermitteln sollen.

Tiermotive

Ein beliebtes Verfahren der bildlichen Umsetzung von Gedanken besteht in der Verwendung von Tierbildern. Dabei werden die natürlichen Eigenschaften der dargestellten Tiere mit den gewünschten oder auch kritisierten Verhaltensweisen des Menschen in Verbindung gebracht. Ein traditionelles Werbeargument der Sparkassen findet man auf dem Plakat »Sparen – Bauen – Schöner Wohnen«. Es wird anhand von Vögeln visualisiert, die gerade ein Nest für ihren Nachwuchs bauen. So erscheint das Bausparen für die Menschen ebenso natürlich wie der Nestbau für die Vögel.

Dasselbe Verfahren findet sich auch bei den häufig vorkommenden Eichhörnchen-Darstellungen. Hier dient die winterliche Vorratshaltung des Eichhörnchens als Bild für das menschliche Sparen, das ebenfalls der Vorsorge dienen soll. Zwei dieser Darstellungen aus den fünfziger Jahren sind wegen ihrer gegensätzlichen Gestaltung herausragend.

GESCHICHTE DES SPARKASSENPLAKATS: 1966–1976

»Einteilen, haushalten, sparen« zeigt ein Eichhörnchen mit Schürze, das an einem Tannenzapfen frißt, dessen unterer Teil aus Pfennigstücken besteht. Zwischen den Tannenzapfen und einer Heimsparbüchse in der Form des Sparkassen-S fliegen Pfennigstücke.

Siehe Seite 112

»Wer spart, braucht nicht zu borgen!« zeigt ein Eichhörnchen, das als Vorrat nicht nur Walnüsse hortet, sondern auch noch Geld. In der Hinwendung des Eichhörnchens zum Betrachter wird der moralische Appell an denselben, das natürliche Verhalten des Eichhörnchens zum Vorbild zu nehmen, deutlich. Auffällig ist die farbige Gestaltung, die das »Humorvoll«-Lehrhafte des Plakats betont.

1966–1976

In den Jahren nach 1945 wurden die Angebote der Kreditwirtschaft hauptsächlich durch die Anbieter bestimmt. Dieser Verkäufermarkt wandelte sich aber seit den sechziger Jahren zu einem Käufermarkt mit einem deutlich verschärften Wettbewerb und einem Schwerpunkt im produktpolitischen Bereich. Der Nachholbedarf der Aufbaujahre war inzwischen gedeckt, und die Werbung wurde nun zu einem wichtigen Instrument im Konkurrenzkampf um die Verteilung der Marktanteile.

Vom Institut der kleinen Leute zur modernen Finanzgruppe

Die Sparkassenwerbung mußte auf die neue Situation reagieren, zumal 1967 die Zinsbindung und die Wettbewerbsbeschränkung für die Kreditinstitute aufgehoben wurde. Ziel war es jetzt, die Öffentlichkeitsarbeit zu verstärken und durch eine zielgruppenorientierte Kundenbetreuung eine dauerhafte Kundenbeziehung herzustellen. Marketing, also eine marktorientierte Geschäftspolitik, wurde jetzt bei der Werbeplanung berücksichtigt. Eine gezielte Marktforschung sollte über die Wünsche und Vorstellungen der zu bewerbenden Zielgruppe Auskunft geben. Darüber hinaus stellten die Sparkassen den Werbeaktionen umfangreiche Tests voran, in denen ein Werbemittel probeweise in einem kleineren Empfängerkreis eingesetzt wird, um seine Wirksamkeit zu testen. Ähnliche Tests wurden schließlich auch nach Abschluß einer Werbeaktion durchgeführt.

Das Ringen um die Marktanteile mit werblichen Mitteln ist in erster Linie ein Dreikampf zwischen Großbanken und den genossenschaftlichen Kreditinstituten und den Sparkassen geworden. Mit diesem wachsenden Wettbewerbsdruck bemühte sich die Sparkassenwerbung um eine klare Abgrenzung und damit zusammenhängend um die Etablierung eines einheitlichen Erscheinungsbildes. Es zeigte sich, daß der geschlossene »Werbeauftritt« der Sparkassen die erstrebte Breitenwirkung günstig beeinflußt hat. Das Image »Institut der kleinen Leute« wandelte sich zugunsten der Vorstellung einer modernen Finanzgruppe.

GESCHICHTE DES SPARKASSENPLAKATS: 1966–1976

Anschaffungsdarlehen
Grabert, 1965

Geld bewahren …
Eggstein, 1965

Das gleiche Ziel wurde mit dem Einsatz bestimmter »Konstanten« erreicht. Dazu gehört das Sparkassen-S wie auch der erstmals 1963 auf einem Plakat erscheinende Slogan »Wenn's um Geld geht« und Symbole wie der PS-Glücksgeist, die nun konsequent auf allen Veröffentlichungen zu finden waren. Prinzip der Sparkassenwerbung war es, diese »Konstanten« mit Hilfe von Plakaten und anderen Werbemitteln ins Bewußtsein der Betrachter und damit für längere Zeit ins Gedächtnis der Zielgruppe einzuprägen.

In einem 1967 erschienenen Plakat wird wiederum der Werbeslogan »Wenn's um Geld geht…« verwendet. Der rotgedruckte Text und die als photographische Elemente eingestreuten vier 1-DM-Münzen erzeugen eine Bewegung innerhalb dieses Werbemittels, mit der wohl der Elan und die Dynamik der Sparkasse zum Ausdruck kommen soll.

Die kontinuierliche, von zentraler Stelle beschlossene Werbearbeit zeigte inzwischen große Erfolge. Bereits 1966 kannten 69 % der Gesamtbevölkerung das Sparkassen-S, und 55 % konnten den Satz »Wenn's um Geld geht…« den Sparkassen zuordnen. Neue typographische Mittel und vor allem die Photomontage bestimmten die Gestaltung der Plakate in den sechziger Jahren. Die in den Jahren zuvor vielfach verwendeten Karikaturen und Witzzeichnungen wurden abgelöst durch Text-Bild-Kombinationen, die für ganze Plakatserien entworfen wurden und die vor allem über einen hohen Wiedererkennungswert verfügten.

Der Einsatz des Mediums Plakat wurde jetzt in Werbekampagnen großen Stils eingebunden, die, vom Zentralen Werbeausschuß geplant und beschlossen, als Bestandteil der Zentralen Gemeinschaftswerbung zu sogenannten Werbelinien gebündelt wurden. 1955 ins Leben gerufen und seit den sechziger Jahren konsequent verfolgt, nutzt diese Form der Werbung sämtliche Medien, die für die Verbreitung des Angebots der Sparkassen wie auch deren Image geeignet sind. Waren bis dahin Zeitung und Funk die wesentlichen Multiplikatoren, so kam ab 1964 das Fernsehen als neuer Werbeträger hinzu.

»Corporate Design« beziehungsweise »Corporate Image« waren bis dahin noch unbekannte Begriffe, doch wurde mit der 1967/68 festgelegten »Sympathielinie« viel von dem vorweggenommen, was damit in Verbindung gebracht und angewandt wird. Diese Werbelinie versucht, den Sparkassen ein Erscheinungsbild zu geben, in dem Angebote beziehungsweise Dienstleistungen der Sparkassen in Beziehung zu Menschen gestellt werden. Zufriedene, sympathisch wirkende Kunden werden zu Identifikationsfiguren und mithin Bestandteil der Assoziationskette Geld – Wirtschaftssubjekt – Sympathie – Vertrauen – Sparkasse.

Wenn's um Geld geht
PA, 1963

Wenn's um Geld geht
1967

Wenn's um Geld geht…
1965

GESCHICHTE DES SPARKASSENPLAKATS: 1966–1976

Immer wenn's
um Geld geht…
1967

Besser bargeldlos
1968

Gewonnen!
1968

Geld-Tip Nummer eins
1968

Prämien vom Staat
1972

GESCHICHTE DES SPARKASSENPLAKATS: 1966–1976

Grundsätzlich sollte mit dieser Werbelinie ein positives Gefühl auf den Betrachter übertragen werden, wie das folgende Plakat aus dem Jahr 1967 exemplarisch zeigt. Hier lächelt ein Mann mittleren Alters den Betrachter zufrieden an. Er steckt seine Brieftasche ins Jackett und will damit wohl deutlich machen, daß er seine Bankgeschäfte erledigt hat. Die Überschrift weist darauf hin, wo er es getan hat: natürlich bei der Sparkasse. »Wenn's um Geld geht...« war inzwischen schon so bekanntgeworden, daß der Betrachter den Schluß »Sparkasse« selbst dazudachte. Die Aussagekraft war deshalb um so stärker, weil sich das angesprochene Publikum aktiv an der Werbung beteiligen konnte.

Die Sympathieträger auf den Plakaten sollten Vertrauen in die Sparkassen erwecken. Sie wurden aus allen Berufssparten und gesellschaftlichen Schichten gewählt, Männer und Frauen sind gleichermaßen vertreten. Die typographische Gestaltung der Plakate blieb die gleiche: Eine großformatige Photographie wird in Beziehung zu einer aussagekräftigen Headline gesetzt. So wirbt auf einem Plakat von 1968 auch eine Frau für das Girokonto. Sie füllt gerade ein Formular aus und lacht den Betrachter über den Schreibtisch hinweg aufmunternd an. Da Ende der sechziger Jahre die Frauen mehr und mehr berufstätig wurden, mußten sie auch in die Werbung integriert werden. Damit ging eine »Tradition« der Sparkassenwerbung zu Ende, welche die Girokonto-Aktionen vornehmlich auf Männer zugeschnitten hatte. Der risikofreudige und abenteuerlustige Zeitgenosse im Rennwagen wird genauso zum Motiv der Plakate wie der Arbeiter in der Fabrik. Jeder Betrachter und potentielle Kunde sollte seine Identifikationsfigur auf den Plakaten wiederfinden und daraus den Schluß ziehen, daß die Sparkasse auch sein Geldinstitut sein kann.

1969 wurde dieses Werbekonzept mit nur geringfügigen Änderungen weitergeführt. In diesem Jahr fing die Konkurrenz an, die Werbelinie der Sparkassen zu imitieren. Als Reaktion darauf rückte man von der »Sympathielinie« wieder ab und stellte die Dienstleistungen stärker ins Zentrum. Die inhaltlichen Schwerpunkte der Werbung in den kommenden Jahren lagen auf der Vermögensbildung, dem prämienbegünstigten Sparen und dem Giroverkehr. Dementsprechend stand bereits der »Weltspartag« des Jahres 1969 unter dem Motto: »Richtig sparen – Vermögen bilden«.

Unter dem Aspekt der Vermögensbildung galt dem Prämiensparen die besondere Aufmerksamkeit der Sparkassen und damit auch der Sparkassenwerbung. Das Plakat »Kaninchengeld: Geld, das sich von selbst vermehrt« von 1970 ist darauf konzipiert, beim Betrachter ungläubiges Staunen hervorzurufen. Der Titel des Plakats klingt wie

GESCHICHTE DES SPARKASSENPLAKATS: 1966–1976

Kaninchengeld
1970

ein Märchen aus »Tausendundeiner Nacht«, und alle Probleme scheinen durch das sich selbst vermehrende Geld gelöst zu sein. Märchenhaft ist auch das Motiv: aus einem Stahltresor fallen Stoffkaninchen, die alle Schleifen aus schwarz-rot-goldenen Bändern tragen. Dieses Plakat entstammt einer Serie, die die Sparkassen als Berater in Geldangelegenheiten, besonders in der Ausnutzung staatlicher Prämienangebote, darstellt. Das Prämiengeschenk des Staats wird gern mit märchenhaften Motiven kombiniert. Das Plakat »Prämien vom Staat und Zinsen von uns« geht auf das Sterntalermärchen zurück, das als Motiv immer wieder auf Sparkassenplakaten auftaucht. Eine fast ganz in Weiß gekleidete Frau hält ihre Schürze auf, in die von oben herab Geldscheine regnen. Sie kniet vor blauem Hintergrund, der den Himmel symbolisiert. Rechts unten erscheint ein Sparkassenbuch mit dem Aufdruck »Vermögensbuch«. Mit dieser Wortschöpfung wird ausgedrückt, was die Anlage eines Sparkassenbuchs bringen soll: »Vermögen bilden«.

Mit den Stichworten Vermögensbildung und Kapitalansammlung jedoch konnte die jüngere Klientel der Sparkassen kaum erreicht werden, vor allem weil die Kritik an kapitalistischen Strukturen Ende der sechziger Jahre vorwiegend durch diese Gruppe formuliert wurde. So versuchte die Werbung, dem Sparen aus Vorsorgemotiven ein jugendlicheres, moderneres Image zu geben. Dies geschah zum einen mit Hilfe eines neuen Plakatstils, der Einflüsse der Pop-art und der Pop-Kultur, die zuerst in Großbritannien und den USA entstanden, übernahm. Pop-art setzte sich speziell mit der kommerziellen Werbung auseinander und übernahm deren Formenschatz. Dinge des täglichen Bedarfs, Anzeigen, Comics und Fernsehbilder wurden zur Kunst erhoben und in einen neuen Sinnzusammenhang gestellt. Pop-art war auch eine Kunstrichtung, die sich gegen Kunstakademien, gegen die »etablierte Kunst« wandte und sich herkömmlichen Deutungsversuchen einfach entzog.

Das 1968 entstandene Plakat »Hallo Partner, weck dein Geld auf« ist wohl Andy Warhols Marylin-Serie verpflichtet, wobei hier durch Farbe, Motiv und Gestaltung auch ein wenig »Sex-Appeal« vermittelt wird. Mit diesem Plakat wurde 1969 eine großangelegte Computeraktion gestartet, die Fragen der Geldanlage speziell für junge Menschen zum Inhalt hatte.

Vor allem gegenüber der Jugend wurde auf ein modernes und fortschrittliches Erscheinungsbild Wert gelegt, um diesen Kundenkreis fest an die Sparkassen zu binden. Plakate im Stil der Pop-art schienen diesem jugendlich-modernen Image zu entsprechen, das sich die Sparinstitute geben wollten. Ihre bunte Farbigkeit war Ausdruck von

Hallo Partner, 1968

GESCHICHTE DES SPARKASSENPLAKATS: 1966–1976

Dispositionskredit
1968

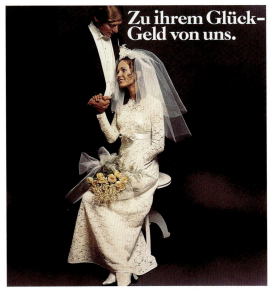

Zu Ihrem Glück – Geld von uns
1970

Die grüne Scheckkarte…
1969

Ein Girokonto bei uns…
1970

Freude, und sie paßten genau in die Zeit nach der Aufbauphase der Bundesrepublik, als die Menschen nach mehr Lebensfreude und Luxus suchten. Pop-art vermittelte ein freches Image, und dadurch sollte vor allem die Jugend angesprochen werden, die damals gegen die gesellschaftlichen Konventionen rebellierte.

Die Sparkassen versuchten nicht nur durch die Einbeziehung neuer Stilrichtungen der Kunst, sondern auch durch eine adäquate Sprache sich ein modernes, junges Image zu geben. Zum einen wurden die flotten und lockeren Sprüche der Jugendlichen imitiert, wie das am Beispiel des »Hallo-Partner«-Plakats deutlich zu sehen war. Zum anderen bemühten sich die Werber um positive Formulierungen auf den Plakaten. Das mit negativen Konnotationen verbundene »Kontoüberziehen« wurde in »Dispositionskredit« umbenannt und sollte dadurch eine aktive, positive Bedeutung erhalten. Wer modern sein wollte, kannte und nutzte die Vorteile dieses Angebots. Das Plakat »Dispositionskredit. Er nutzt unsere neue Kreditart. Sie auch?« zeigt einen jungen Mann, der sein Scheckheft ausfüllt. Sein Blick und die Frage »Sie auch?« spricht den Betrachter direkt an, und die Unterzeile verspricht außerdem als Zusatznutzen »mehr Geld zu haben«.

Die jugendliche Imagelinie ist aber nur eines von mehreren, gleichzeitig eingesetzten Werbekonzepten. So findet sich in der Plakatserie aus dem Jahr 1970, die in der Gestaltung auf einem ganzformatigen Foto mit dunklem Hintergrund beruht, auch das traditionelle Motiv des Hochzeitspaars in konventioneller Rollenverteilung: Die Braut sitzt auf einem weißen Klavierstuhl vor ihrem Bräutigam, sie legt vertrauensvoll ihre Hand in die seine und schmiegt ihren Kopf an seine Brust.

Der Giro- und Scheckverkehr war seit seiner Einführung einer der Grundpfeiler des Sparkassengeschäfts und wuchs noch an Bedeutung, da Lohn- und Gehaltszahlungen zunehmend bargeldlos erfolgten. Außerdem hatte das Girokonto eine wichtige Zubringerfunktion für die anderen Dienstleistungen der Sparkassen. Folglich wurde die Werbung für diese Art der Kontoführung besonders intensiviert. Die Veränderungen der einzelnen Werbelinien lassen sich besonders gut an den Plakaten für dieses Geschäftsfeld ablesen. In der Werbung für das Girokonto traf sich das Interesse, das moderne Image zu unterstreichen und trotzdem für eine ganz spezielle Dienstleistung zu werben. Die Giro-Scheckkarte wurde als »besondere Visitenkarte« verkauft, wie auf dem Plakat »Die grüne Scheckkarte von der Sparkasse ist ihre besondere Visitenkarte«. Das schräg angebrachte Wort »international« vermittelt zudem noch einen Hauch von Exklusivität.

GESCHICHTE DES SPARKASSENPLAKATS: 1966–1976

»Konto Bequemlichkeit«

Girokonto und Scheckkarte wurden in der Werbung jetzt mit der Lebenseinstellung »Bequemlichkeit« gleichgesetzt. Galt in den fünfziger Jahren bequem noch als negative Haltung, wandelte sich der Begriff ins Positive nach dem Motto »Wir haben es erreicht, jetzt können wir uns auch mal zurücklehnen und uns was gönnen«. Sich Bequemlichkeit leisten zu können war ein Luxus, und Luxus erhöhte das Prestige des einzelnen. Die Werbung mit dem Motto »Bequemlichkeit« blieb für die nächsten Jahre konstant. Auf einem Plakat von 1970 wird das Giro-Scheckformular zur Liege, auf der der Kontoinhaber ausruhen kann. In Freizeitkleidung (Poloshirt und Cordhose) liegt er auf dem riesigen Formular ausgestreckt. Entspannt, mit hinter dem Kopf verschränkten Armen, lacht er den Betrachter an. Er steht für ein lockeres, leichtes Leben, das nun als erstrebenswert gilt.

Auf dem Plakat »Sparkassen-Giro: Konto Bequemlichkeit« von 1971 wird der perfekte »Lebenskünstler« vorgeführt. Lässig sitzt er in seinem Stuhl, das modisch gemusterte Hemd bis zur behaarten Brust aufgeknöpft. An einer goldenen Kette trägt er die Giroscheckkarte um den Hals. Vom heutigen Standpunkt aus scheint aber mit diesem Plakat zuviel des Guten getan worden zu sein. Dieser Lebenskünstler wirkt wie ein Lebemann und Dandy, der sorglos ohne Verantwortungsgefühl in den Tag lebt und sein Geld in Luxus investiert. Durch die intensiven, begleitenden Werbeaktionen, die besonders auch die Schulabgänger und die eigenen Mitarbeiter miteinbezogen, brachte diese Aktion zwar eine erhebliche Steigerung des Marktanteils im Giroverkehr, doch intern wurde es kritisiert, da die Verbindung von »Lebenskünstler« und Geld nicht glaubhaft erschien. Das Plakat sollte signalisieren, wie einfach und unkompliziert ein Girokonto ist.

1971 startete eine Werbeaktion, die »Girodix«-Aktion, die sich speziell an Jugendliche richtete. Girodix ist eine Version der damals besonders populären Asterix-Figur. Auf einem Plakat ballt er seine Fäuste in Boxhandschuhen, indem er laut herausbrüllt: »I am the greatest – I have a giro«. Die englische Sprache ist ein Zugeständnis an die hauptsächlich englisch dominierte Musikwelt Anfang der siebziger Jahre. In der Sprache bemühten sich solche Plakate, möglichst exakt den Ton der Jugendsprache zu treffen.

Für Kunden mittleren Alters und die ältere Generation ist das seriösere Plakat »Automatisch zahlen! Fragen Sie nach Konto Bequemlichkeit« gedacht. Dieses Plakat ziert das Photo von neun Vertretern verschiedener Berufe (Arzt, Müllmann, Briefträger…), mit denen jeder Mensch ständig zu tun hat. Bequemlichkeit meint hier die automatischen Abbuchungen vom Girokonto für gleichbleibende Ausgaben,

Automatisch zahlen…
1972

Hermeskopf.
Das erste Verbandszeichen des DSGV entworfen von dem Berliner Graphiker Schulpig.

Das erste Sparkassen-S. 1938 entworfen von Lois Gaigg.

Das überarbeitete und bis heute gültige Sparkassen-S von Otl Aicher.

über die sich der Kunde sonst jeden Monat neu Gedanken machen müßte. Die automatischen Abbuchungen sollten zur zusätzlichen Attraktivität des Girokontos beitragen.

1972 bedeutete für die Sparkassenorganisation ein Jahr der Neuorientierung. Der Designer Otl Aicher entwarf im Auftrag des Deutschen Sparkassenverlags ein neues Erscheinungsbild für die gesamte Sparkassenorganisation. Das »Sparkassenrot« und das überarbeitete Sparkassen-S stehen für Identität und Image dieser Geldinstitute und sind Teil eines umfassenden Corporate-Identity-Konzepts: Neben dem optischen Auftritt (= Unternehmensdesign) bestimmt von nun an das Handeln (= Unternehmensverhalten) und die mediengebundene Botschaftsübermittlung in Sprache und Bildern (= Unternehmenskommunikation) die Unternehmensidentität. 1982 wurde das neue Signet von 85% der befragten Personen der Sparkassenorganisation zugeordnet, ein Wert, den sonst nur noch der Mercedes-Stern erreicht.

Die Gesamtwerbung hatte bis dahin drei Schwerpunkte: die Publikumslinie, also die Produkt- und Verkaufswerbung für die gesamte Bevölkerung, die Berufsgruppenwerbung und die Imagewerbung, die den sozialen Standort der Organisation betont. Die Bemühungen um effektive, marktorientierte Werbung, die auf die schon vorhandenen Kunden zielte, führten zur Etablierung eines neuen unternehmerischen Denkstils: dem Zielgruppenmarketing, »dessen Grundlage die Aufdeckung und Schaffung latenter Bedürfnisse sowie deren zielbewußte Befriedigung über kundengruppenorientierte Strategien war«. Diese Konzeption sollte durch Aktionen im Sinne der integrierten Gesamtwerbung umgesetzt werden. Eine solide Grundlage für die seit Anfang der siebziger Jahre zielgruppenorientierte Media-Planung der Sparkassenwerbung bot die D(ecision) O(rientated) R(esearch)-Untersuchung, die der Deutsche Sparkassen- und Giroverband 1973 vorlegte, welche die Motivation im Geldverhalten der Bundesbürger ermittelte. Zu diesem Zeitpunkt entwickelte die Werbung für die Bürger aller Altersstufen systematisch eigene Aktionskonzeptionen: für Neugeborene den Baby-Service, »Sicher auf dem Schulweg« für Schulanfänger, die »Knax-Tage« (seit 1974) für die Sekundarstufe und Jugend-Tage und das Poster-Journal für ältere Jugendliche, den Sparkassen-Schul-Service für alle Schüler, den »Start-Service« für Berufsanfänger und den »Auszahlungsplan« für ältere Bürger.

Eine neue Werbekonstante begann 1973 mit der Plakatserie »Heller Kopf«. Geworben wurde mit großformatigen Photos, in die eine Kopfsilhouette und die Frage »Und Sie?« eingeklinkt wurde. Photo und Frage sind die typographischen Konstanten des Plakats, während

Mit Kredit von uns…
1973

Kenner sparen…
1973

Wer per Dauerauftrag spart…
1973

die Headline dazu einen provokativ anmutenden Gegensatz bildete. Der dem »Und Sie?« folgende Text bot natürlich eine »Lösung« der bewußt formulierten Verunsicherung. Ein Beispiel dieser Serie aus der Prämiensparwerbung ist das Plakat »Kenner sparen auf Staatskosten«. Das Konzept wurde auf alle Dienstleistungen der Sparkassen angewendet. Für den Dauerauftrag wirbt der Esel, der Geldstücke produziert, und für Kredite ein riesiges Autobahnkreuz mit der Überschrift »Mit Kredit von uns fährt man gut«.

Das Jahr 1973 brachte im wirtschaftlichen Wachstum der Bundesrepublik und damit auch in der Werbung der Sparkassen einen entscheidenden Wandel. Deutschland hatte 1973, wie auch die anderen europäischen Staaten, mit der ersten Energiekrise zu kämpfen, als die Organisation der ölexportierenden Länder beschloß, die Produktion und den Export von Öl um 5 % zu verringern, solange Israel die besetzten Gebiete in Ägypten und Jordanien nicht räumte. Daraufhin schnellten die Ölpreise in die Höhe, was wiederum eine weltweite Diskussion über Rohstoffreserven und Energieeinsparungen in Gang setzte. Gleichzeitig stürzte die Weltwirtschaft in eine tiefe Krise. Als die Bundesbank infolge dieser Krise Maßnahmen zur Verknappung der Kredite einleitete, stellten die Sparkassen ihre Kreditwerbung bis Anfang 1974 ein. Dadurch wollten sie die Maßnahmen der Regierung unterstützen, die Wirtschaft aus der Rezession zu führen. Die Sparkassen betonten nun stärker ihren öffentlichen Auftrag.

1974/75 intensivierten sie die Werbung für das Spargeschäft, um Geldmittel länger auf dem Sparkonto zu binden und dadurch den eigenen kreditpolitischen Rahmen zu erweitern. Dazu wurde eine neue Sparform eingeführt, das Plus-Sparen, dessen Zielsetzung es war, einen Teil des Einkommens automatisch auf das Sparkonto umzuleiten. Dadurch erzielten die Sparkassen einen bis zu 50%igen Spareinlagenzuwachs. Die Plakate dieser Werbeaktion versuchten, das Plus-Sparen so einfach wie möglich erscheinen zu lassen und warben mit dem Slogan »Sparen was übrig bleibt. Plus-Sparen«. Ein Beispiel aus dem Jahre 1974 nützt zur Einführung die Comic-Zeichnung eines Mannes, der sich Gedanken über diese Sparform macht und sozusagen stellvertretend für den Betrachter die Vor- und Nachteile abwägt. Auf einem roten Rechteck an der rechten unteren Ecke der Zeichnung sind dann die Antworten und Stellungnahmen der Sparkassen zu lesen.

In den Jahren von 1965 bis 1976 vollzog sich ein tiefgreifender Wandel im Werbeschaffen der Sparkassen. Die zentral geplanten Werbelinien, die über mehrere Jahre Gültigkeit haben und von einem Team von Gestaltern und Marketing-Spezialisten geplant werden, lösten die

Sparen was übrig bleibt
1974

1966–1976: MOTIVE DER ZEIT

von einzelnen Künstlern entworfenen Werbe- und Plakataktionen ab. Marktforschung und werbepsychologische Untersuchungen spielen nun eine große Rolle. Anfang der siebziger Jahre wurden die monatlichen Werbemaßnahmen für bestimmte Dienstleistungen durch zielgruppenorientierte Aktionen abgelöst. Da die Sparkassen außerdem ihr äußeres Erscheinungsbild vereinheitlichten, konnten bei den Werbeempfängern unterbewußt langfristig visuelle Informationen fixiert werden, die jedes Objekt und jede Publikation der Sparkassenwerbung wiedererkennbar macht. Der Verlust der Stilvielfalt gerade bei den Plakaten ist der Preis, der dafür gezahlt werden mußte. Die Plakate sehen sich in der Folgezeit sehr ähnlich, da sie nach einem einheitlichen Prinzip gestaltet wurden. Die Imagelinie, die mit Sympathie für die Sparkassen und ihre Produkte warb, stellte sich als sehr erfolgreich heraus, so daß die Werbung sich nach einer kurzen Unterbrechung 1972 und 1973 in den folgenden Jahren wieder darauf konzentrierte.

Das Frauenbild, geprägt durch sexuelle Revolution und Emanzipation

Motive der Zeit

Das Aufbegehren gegen das sogenannte Establishment Ende der sechziger Jahre brachte eine Reihe gesellschaftlicher Veränderungen. Die politische und soziale Gleichberechtigung der Frauen wird gefordert, zwar nicht von einer Mehrheit der Bevölkerung, jedoch erfaßt die Diskussion nun breitere Bevölkerungskreise als vorher. Die Loslösung von überkommenen Konventionen bringt auch eine sexuelle Befreiung ins Rollen, die durch die Antibabypille auch von den Frauen gelebt werden kann. Die Mode reagiert schnell auf diesen Wandel in der Moral und bringt das entsprechende Produkt auf den Markt: den Minirock. Über Erotik und Sex wird Anfang der siebziger Jahre dann offen gesprochen, sie tauchen in Filmen und in den Medien auf. »Sex-Appeal« heißt das bezeichnenderweise englische Schlagwort, und obwohl erotische Reize immer schon in der Werbung eingesetzt wurden, können sie jetzt in viel größerem Umfang und nach wissenschaftlichen Erkenntnissen vermarktet werden. Neu ist nur, daß sogar seriöse Institute wie Banken damit werben. Der dadurch bedingte Wandel im Frauenbild auf den Plakaten ist sehr deutlich zu beobachten.

Auf den Sparkassenplakaten dominiert nicht mehr nur das häusliche Umfeld, sondern eine aktive Lebenswelt. Frauen werden zu Identifikationsfiguren und repräsentieren eine gleichberechtigte Gruppe. Daneben wird aber auch weiterhin nicht mit sogenannten weiblichen Reizen gespart, wenn es um die Ansprache eines »erweiterten« Personenkreises geht.

1966–1976: MOTIVE DER ZEIT

»Sparkassenbuch«
1967

Auf noch zurückhaltende Weise tut dies das Plakat »Sparkassenbuch« von 1967, das auf zwei Drittel der Plakatfläche die Photographie des Kopfes einer jungen Frau zeigt, die sich ein aufgeschlagenes Sparkassenbuch wie einen Schleier vors Gesicht hält. Von ihr sind nur die Stirnpartie und die Augen zu sehen, mit denen sie den Betrachter über das rote Buch hinweg geheimnisvoll wie eine Sphinx anschaut. Der Betrachter soll sich seine eigenen Gedanken darüber machen, was wohl hinter dem Buch vorgeht. Durch die Fixierung des Betrachters auf die Augen der Frau prägt sich ihm der Schriftzug »Sparkassenbuch« so unbewußt im Gedächtnis ein.

Dagegen wirbt die Badenixe auf dem Plakat »Schöne Ferien – Das Drum und Dran mit dem Geld erledigen wir« offen mit ihrem Körper. Die gebräunte Haut im Gegensatz zum weißen Bikini, die Wasserperlen auf ihrem Körper, ihre nassen Haare und das gewinnende Lächeln strahlen eine Erotik, aber auch Lebensfreude und Ferienstimmung aus. Nur die Kette um ihren Hals mit der eurocheque-Karte daran macht deutlich, daß es sich hier um ein Sparkassenplakat handelt.

Die Sparkassen gaben sogar für die Wehrpflichtigen ein Plakat heraus, das offenbar als Pin-up-Plakat für die Spinde der Soldaten gedacht war. Eine blonde, junge Frau in engem, aufreizendem Hemdchen lehnt an der Wand und hat die Hände auf ihre geöffnete Jeanshose gelegt. Mit großen, braunen Augen blickt sie den Betrachter lächelnd an. Sie wirbt für eine spezielle Sparzulage, die der Staat den Wehrpflichtigen seit Januar 1975 bietet. Dieses Plakat gab es auch in speziellen Maßen, so daß die Soldaten es tatsächlich in ihren Spinden aufhängen konnten.

Auf dem Plakat »Ätsch, mein ›Sparschwein‹ bringt Zinsen. Und deins?« wird die für die Pin-up-Plakate typische Haltung bereits 1971 von einem kleinen Mädchen imitiert. Es steht halb mit dem Rücken zum Betrachter und bannt ihn über die Schulter hinweg mit seinem Blick. In der hinteren Hosentasche steckt das rote Sparkassenbuch.

Die Erotik der Kindfrau wird auf dem Plakat »Mach mit beim Preisausschreiben für junge Leute« aus dem Jahr 1976 benutzt. Hier blickt dem Betrachter eine junge Frau mit blonden Haaren und Schmollmund entgegen, genau der Frauentyp, der von Brigitte Bardot, dem Idol der Zeit, verkörpert wurde. Am Kragen ihrer schwarzen Lederjacke trägt sie den Sticker »I like Girodix«, der darauf hinweist, wofür eigentlich geworben wird: das Jugend-Girokonto.

Ebenfalls in die Plakate Eingang gefunden hat ein Frauentyp, der in der Berufswelt bis dahin noch gar nicht existiert hatte. Auf dem Plakat »Gut verdienen – gut anlegen« steht eine junge Architektin mit Schutzhelm auf der Baustelle und erklärt dem Arbeiter den Bauplan.

1966–1976: MOTIVE DER ZEIT

Schöne Ferien…
1972

Hallo Wehrpflichtige
1975

Ätsch, mein Sparschwein…
1970

Macht mit…
1976

Sie ist gut gekleidet und ganz »Frau« der Situation. Das umgekehrte Rollenverhalten, daß die Frau dem Mann im Beruf Anweisungen und Erklärungen gibt, tauchte vor Anfang der siebziger Jahre gar nicht auf. Mit solchen Plakaten sollten die jungen, unabhängigen, qualifizierten und deshalb gutverdienenden Frauen angesprochen werden, die selbständig auch ihre Geldangelegenheiten regeln. Dem Wandel in der Ausbildung, der sich im Typ der Karrierefrau manifestiert, dem dadurch veränderten Selbstverständnis der Frauen und ihrer Emanzipation wird hier Rechnung getragen.

Mann und Frau in der Familie
Zum Ideal der Familie wird die Kleinfamilie mit höchstens zwei Kindern. Im Vergleich jedoch zu den Jahren davor sind die Ansprüche gewachsen. Das Plakat »Sparen ist das Gegenteil von Geiz« von 1972 zeigt eine solche Kleinfamilie inmitten ihrer Wünsche. Nicht mehr die primären Bedürfnisse sollen erfüllt werden, sondern die Träume drehen sich ausschließlich um Gegenstände, die darüber hinausgehen: Auto, Fernseher, Tonband, Stereoanlage, Reisen und Spielzeug. Für jeden ist etwas dabei. Es zeigt den Überfluß, der in der »Wohlstandsgesellschaft« in allen Bereichen herrscht, und der für eine große Masse nun erreichbar ist. Gestaltung und Headline des Plakats versuchen, das Sparen zeitgemäß und modern erscheinen zu lassen, da es hilft, alle diese Wünsche zu erfüllen.

Auf Plakaten, die sich an Familien richten, ist die Welt noch in Ordnung, die Emanzipation der Frau und die Rebellion der Jugendlichen schlägt hier noch nicht sichtbar durch, obwohl zur gleichen Zeit die meisten Familien bereits »ihren Langhaarigen« zu Hause hatten, und damit die Auseinandersetzungen bereits am heimischen Herd stattfanden. Die Plakate propagierten das Ideal des bürgerlichen Wohlstands, der für die breite Masse als erstrebenswertes Ziel galt. Das Plakat »Gewinn und Sicherheit – prämienbegünstigtes Sparen« aus dem Jahr 1970 wirbt mit einer jungen Kleinfamilie (Vater, Mutter und Tochter), die hinter ihrem riesengroßen Sparbuch steht. Das Buch ist aufgeblättert und gibt dem Betrachter so den Blick auf das Anwachsen des Guthabens durch das Prämiensparen frei. Für die Familie spielt die Sicherheit der Geldanlage natürlich eine wichtige Rolle, da für sie die Vorsorge für das Alter und die Zukunft der Kinder im Vordergrund steht. Wie auch in den Jahren davor ist ein Baby ein wirkungsvolles Werbemotiv, wenn es um die Familien als Ansprechpartner geht. Das Plakat »Der Zukunft wegen – sparen« aus dem Jahr 1965 präsentiert ein Baby mit großen Augen in der Silhouette eines 5-DM-Stücks.

1966–1976: MOTIVE DER ZEIT

Gut verdienen – gut anlegen
1975

Sparen ist das Gegenteil von Geiz
1972

Jetzt für morgen sorgen
1975

Geld gut anlegen…
1970

1966–1976: MOTIVE DER ZEIT

Der Zukunft wegen – sparen
1965

Gewinn und Sicherheit…
1970

Doch gegenüber der statisch gebliebenen Vorstellung von der Familie hat sich das Bild der Hausfrau und Mutter zwischen 1965 und 1975 verändert. Das Plakat »Jetzt für morgen sorgen« zeigt eine werdende Mutter, die mit dem Fahrrad ihre Einkäufe nach Hause fährt. Die Frau ist auch hier Hausfrau und Mutter, aber sie sitzt nicht zu Hause, sondern ist aktiv und nach »außen« orientiert. Das Fahrradfahren weist auf einen Trend zum Natürlichen – vor allem auch in der Ernährung und in der Kleidung – und auf ein gestiegenes Umweltbewußtsein hin.

Das Bild der Männer ändert sich in diesem Zeitraum auf den Plakaten kaum. Traditionsgemäß mit der Verwaltung der Finanzen verbunden, bilden der treusorgende Familienvater und klug kalkulierende Geschäftsmann die Identifikationsfiguren der Männer auf den Plakaten. An diesen Typ der Männer richtet sich besonders die Werbung für die Anlage von Wertpapieren. Das Plakat »Geld gut anlegen – Wertpapiere« zeigt einen zufrieden lächelnden Mann im Anzug, der sich lässig an ein aus Wertpapieren gebautes Kartenhaus lehnt. Mit diesem erfolgreichen und tüchtigen Geldanleger können sich sowohl Angestellte als auch Manager identifizieren.

Jugend
Die Jugend wird zum erfolgversprechenden Kundenkreis der Sparkassen. Seit Anfang der siebziger Jahre wird diese Personengruppe intensiv beworben. Junge, moderne Menschen sollten die Angebote der Sparkassen nutzen. Auch die auf den ersten Blick unkonventionell auftretenden »Rebellen« der Flower-power-Zeit werden als Zielgruppe erkannt. »Die Reichen von morgen sparen bei uns« ist ein Plakat aus dem Jahr 1970 und zeigt ein Paar, das eigentlich nur schwer mit Vermögensbildung und Sparen in Verbindung zu bringen ist. Beide haben überschulterlange Haare, der Mann trägt einen einfachen, schwarzen Pullover, während die Frau in ihrer Kleidung mit der ausgefallenen Halskette mehr an das Outfit der Hippies angelehnt ist. Der Titel macht den Gegensatz von Plakatmotiv und Werbezweck deutlich, hebt ihn aber gleichzeitig auf: Die jungen Rebellen werden die Reichen von morgen sein. Das ist vom heutigen Standpunkt aus eine fast prophetische Aussage, denn die Einstellung gegen das Establishment hat sich bei den meisten verloren, die den »Gang durch die Institutionen« antraten, um diese von innen zu verändern. Doch das wilde, ursprünglich rebellische Outfit der 68er bleibt bei den Jugendlichen beliebt und wird zur Mode, wie an den Plakaten zu sehen ist. Junge Pärchen in den unvermeidlichen Jeanshemden, -jacken und -hosen, wie auf dem Plakat »Girokonto – junges Konto« bestimmen das Straßenbild. Lange

Volljährig mit 18. Gebhardt und Lorenz, 1975

1966–1976: MOTIVE DER ZEIT

Die Reichen von morgen …
1972

Girokonto, junges Konto
1975

1966–1976: MOTIVE DER ZEIT

Schulspar-
plakate

1966

1967

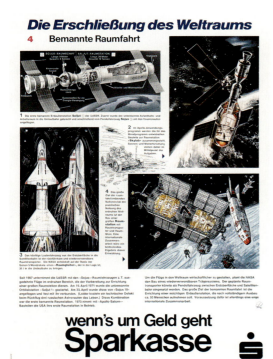

1973

1975

Haare und Jeans sind nicht mehr unbedingt Ausdruck von antikapitalistischer oder linker Gesinnung.

Um die Jugendlichen gezielt anzusprechen, veranstalten die Sparkassen auch spezielle Sonderaktionen wie »Volljährig mit 18«. Das Motiv für diese Aktionen sind die weißen Friedenstauben, die durch die Friedensbewegung längst einem breiten Publikum bekannt waren. Das Plakat von Gebhardt und Lorenz zu dieser Aktion variiert das Motiv der Friedenstaube. Die motivische Verbindung zur Friedensbewegung sichert diesen Sparkassenplakaten einen zusätzlichen Aufmerksamkeitswert.

Goldene Zeiten
1970

Speziell an die jungen Berufstätigen richtete sich 1969 eine Computeraktion der Sparkassen, die unter dem Titel »Goldene Zeiten« im folgenden Jahr in etwas veränderter Form fortgeführt wurde. Ein goldener Computer bildet das zentrale Motiv aller Publikationen und Plakate zu dieser Aktion. Durch die Werbung mit dem Computer wollten die Sparkassen das Image einer Bankengruppe vermitteln, die mit modernsten technischen Geräten arbeitet und dadurch die Orientierung beziehungsweise Beratung in den vielfältigen Kapitalanlagemöglichkeiten erleichtert werden kann. Werbeziel war, den Abschluß von Sparverträgen zu bewerben und den Service der Anlageberatung durch die Sparkassen bekannter zu machen.

Alter

Der Gedanke der Altersvorsorge ist auch in den sechziger und siebziger Jahren mit der Vermögensbildung verbunden. Ansprechpartner der Werbung für Sparen, sichere Geldanlage und Vermögensbildung sind zwar die Berufstätigen, doch gerade jene sollten frühzeitig angesprochen werden. So blickt eine sympathische ältere Dame, die ein Kind – vielleicht ihr Enkelkind – auf dem Schoß hat, den Betrachter auf dem Plakat »Sorglos alt werden. Fragen Sie uns rechtzeitig« freundlich an. Ihre Kleidung und das äußere Erscheinungsbild machen deutlich, daß sie wohlsituiert ist und ihren Lebensabend genießen kann. Das Enkelkind auf ihrem Schoß suggeriert, daß sie glücklich im Kreise ihrer Familie lebt. Das Plakat entwirft damit eine ideale Vorstellung vom sorglosen Leben im Alter, frei von finanziellen und sonstigen Sorgen.

Für sorgloses Leben im Alter ist auch die Gesundheit wichtig. Die steigende Lebenserwartung der Menschen in der Bundesrepublik und der allgemeine Trend der Zeit, jugendlich und modern sein zu wollen, schaffen die Vorstellung vom »aktiven« Alter. Deshalb werden auf Plakaten der siebziger Jahre die Rentner als dynamisch wirkende Persönlichkeiten dargestellt. Oma und Opa im Lehnstuhl, das Symbol für eine

1966–1976: MOTIVE DER ZEIT

Sorglos alt werden
1971

Das zweite Leben
1972

1966–1976: MOTIVE DER ZEIT

Ein bißchen sparen...
1973

Für Ihre Reise
P. Steinmüller, 1966

ruhigen und gemütlichen Lebensabend, weichen allmählich dem Bild des Bürgers im »Unruhestand«.

Das Plakat »Das zweite Leben. Sorglos durch Sparen. Bei uns« von 1972 zielt auf diese gewandelte Vorstellung vom Alter. Es zeigt ein älteres Paar in Bademänteln, das übermütig und verliebt wie in der Jugend am Strand spazierengeht. Alt werden bedeutet nicht mehr, zum alten Eisen zu gehören, sondern ein aktives Leben ohne den Zwang des Berufslebens zu führen. Das Alter wird sozusagen als permanente Freizeit begriffen, und dieses Urlaubsgefühl will das Plakat dem Betrachter vermitteln.

Reisen

Die Werbung für Serviceangebote, die die Sparkassen speziell für Reisen machen, nimmt ab Mitte der sechziger Jahre ständig zu. Denn Reisen gehört nun zum festen Bestandteil des Lebens der Bundesbürger, die durch steigenden Wohlstand immer häufiger verreisen. Bequemere und schnellere Transportmittel und die Erschließung von immer mehr Ländern für den Massentourismus lassen die Zahl der deutschen Urlauber im Ausland in die Höhe schnellen. Dieser Entwicklung passen sich auch die Sparkassen mit ihrem Reiseservice und der entsprechenden Werbung an, die agressiver, aber auch psychologisch wirksamer wird. Während auf dem Plakat »Für Ihre Reise ausländische Zahlungsmittel, Reiseschecks« von 1966 noch das Transportmittel Flugzeug – hier als stilisierte Schwalbe dargestellt – den Blickfänger bildet, werben ab 1970 immer häufiger Photographien von Reisezielen in fremden Ländern für Reiseschecks und eurocheque-Karte.

Bauen

Die Werbung für Baukredite hat sich seit den sechziger Jahren neue Schwerpunkte geschaffen. Stand bis dahin noch der Neubau von Wohnungen und Eigenheimen im Vordergrund, ist Anfang der siebziger Jahre die Altbausanierung bevorzugtes Werbeziel.

Das Plakat »sparen – bauen – schöner wohnen« aus dem Jahr 1967 wirbt – wie dies auch in den Jahren davor üblich gewesen war – mit dem Motiv eines Hauses, das hier nun aus der Photographie einer Familie im Wohnzimmer und dem aufgeschlagenen Sparkassenbuch als Dach gebildet wird. Doch mit der wirtschaftlichen Krise geht auch eine Krise der Bauindustrie einher, da die Zahl der Neubauten drastisch sinkt. Aus diesem Grund wird nun die Renovierung der Altbauten interessant. In diesem Zusammenhang spielt sicher eine Rolle, daß der allzu optimistische Fortschrittsglaube der Nachkriegszeit

1966–1976: MOTIVE DER ZEIT

Wohin Sie auch reisen
1969

Fahr einfach weg
1975

Ihr Capri…
1970

sparen, bauen…
1967

Kredit bringt Geld
1975

Sonderplakat zur Olympiade 1972

nachgelassen hatte, da die Fehler, die vor allem im Bereich der Stadtplanung gemacht wurden, nun allmählich schmerzlich zu spüren waren. Gegenüber dem modernen Bau gewann der Altbau vor allem wegen seiner Gemütlichkeit und Tradition an Wert. Ein bißchen Nostalgie schwang in dieser Entwicklung auch mit. Darauf spielt das Plakat »Kredit bringt Geld. Für die Altbaurenovierung.« auch an. Das alte Gebäude ist auf der Zeichnung personifiziert als gemütliche Dame. Mit diesem Bau aus Großmutters Zeiten scheint mehr Wohnqualität verbunden, da das Haus – wie der Maler auf seiner Leiter suggeriert – auch individueller gestaltet werden kann.

Die Werbelinien seit 1977

Der letzte Abschnitt zur Geschichte des Sparkassenplakats steht ganz im Zeichen moderner Werbestrategien. Nach wie vor bleibt das Plakat bevorzugtes Medium zur schnellen Verbreitung imagebildender Aussagen und hat damit seinen festen Platz in der Werbung. War es bis zu Anfang der fünfziger Jahre zusammen mit der Anzeige das Werbemittel schlechthin, muß es sich nun seit der Einführung der TV-Werbung Anfang der sechziger Jahre zwischen anderen visuellen Medien behaupten. Damit ist die Geschichte des Sparkassenplakats insofern zu Ende, als man jetzt in die »Geheimnisse« des Marketing und der Werbung eintauchen muß. Im folgenden ist daher weniger von Plakaten die Rede, dafür aber mehr von der Werbung allgemein.

Das Sparkassenplakat ist jetzt zum Großflächenplakat geworden, wie andere Plakate der Konsumgüter- beziehungsweise Dienstleistungswerbung auch. Die bis in die sechziger Jahre hinein gebräuchlichen A1- und A2-Formate werden nur noch in den Instituten der Sparkassenorganisation eingesetzt und bleiben im Gegensatz zum Großflächenplakat reine Innenplakate. Die Sparkassenplakate der dreißiger und fünfziger Jahre unterscheiden sich im Gegensatz zu denen der achtziger oder neunziger Jahre nur in gestalterischer Hinsicht.

An Litfaßsäulen oder Plakatanschlagflächen wird sichtbar, wie sich die »Ansprache« gegenüber dem Betrachter verändert hat. In Hörfunk, Fernsehen und Illustrierten kann ein Produkt oder Dienstleistungsangebot innerhalb der zur Verfügung stehenden Mittel ausreichend erklärt werden. Ein Großflächenplakat dagegen ist immer so gestaltet, daß der Inhalt möglichst schnell begriffen wird und sich – im besten Fall – ins Gedächtnis einschreibt. Seit es Untersuchungen zur Betrachtungsdauer von Anzeigen und Plakaten gibt, geht man davon aus, daß das Plakat nur ein Instrument im Werbeorchester ist und seine Gestaltung inzwischen einer konzeptionell durchdachten Werbestrategie unterliegt. Es muß also ein Arrangement gefunden werden, das

DIE WERBELINIEN SEIT 1977

wie im Orchester den verschiedenen Instrumentengruppen und Solisten erlaubt, sich zur Geltung zu bringen, ohne die Geschlossenheit der Aufführung zu gefährden.

Wurde das Sparkassenplakat früherer Zeit noch von einem einzigen Gestalter entworfen, stammt es heute von einer Agentur. Es ist also nicht mehr Ausdruck eines individuellen Gestaltungswillens, sondern das Ergebnis eingehender Vorgespräche seitens des Auftraggebers. Das »Briefing« ist somit die wichtigste Voraussetzung für die Konzeption von Werbemitteln. Ausgangspunkt ist dabei immer die Gestaltung einer Anzeige, aus der dann alle anderen Werbemittel entwickelt werden. Durchgängigkeit der visuellen Konstanten und die Adaptierbarkeit für andere Medien, wie zum Beispiel für das Plakat, sind dabei die »Entscheidungsträger« für eine Werbelinie.

Die Dienstleistungsangebote der jeweiligen Kreditinstitute in der Bundesrepublik Deutschland unterscheiden sich heute kaum noch. Es wird daher immer schwieriger, sich von seinen Mitbewerbern abzugrenzen und sich am Markt durchzusetzen. Um so wichtiger ist dabei der »visuelle Auftritt« beziehungsweise das Erscheinungsbild eines Unternehmens. Ein einheitliches Erscheinungsbild bedeutet, daß sich die visuellen Äußerungen eines Unternehmens oder einer Organisation sowohl in der Öffentlichkeit als auch gegenüber den Mitarbeitern in einheitlicher Gestalt präsentieren. Je klarer, eindeutiger und stärker das Erscheinungsbild eines Unternehmens wirkt, desto weniger Worte sind nötig, um zu sagen, wer dieses Unternehmen ist und was es leistet.

Die von der Zentralen Gemeinschaftswerbung verabschiedeten Werbelinien sind ein wichtiger Bestandteil für den Auftritt in der Öffentlichkeit. Sie gewährleisten, daß sich jede einzelne Sparkasse als Mitglied der Sparkassenorganisation zu erkennen geben kann. Seit 1977 wurden insgesamt drei Werbelinien eingesetzt, mit denen jeweils auf die sich verändernde Marktsituation eingegangen wurde.

Die Plakate der 1977 eingeführten Werbelinie unterscheiden sich von den vorangegangenen nur wenig. Handelte es sich dabei meist um reine Bildplakate mit eingeklinktem Text beziehungsweise Sparkassen-Slogan, sind jetzt die Bildmotive auf sparkassenrotem Grund montiert. Die abgerundeten Ecken der Bildmotive sowie die Gestaltung des Textes, mal weiß ausgespart, mal schwarz aufgedruckt, vermitteln weniger gestalterische Geschlossenheit, als die Plakate der späteren Werbelinien.

Siehe Seite 178

Eine neue Werbelinie beginnt 1981 mit dem »Kreislayout«. Hier wird das Bildmotiv sozusagen nur noch als Ausschnitt präsentiert, wobei der Text aus dem Bild verschwindet und zur Bildunterschrift

Siehe Seite 179

DIE WERBELINIEN SEIT 1977

wird. In gestalterischer Hinsicht erscheinen diese Plakate großzügiger dadurch, daß dem Motiv beziehungsweise dem Text viel freie Fläche zugestanden wird. Gegenüber den zuvor eingesetzten Plakaten reicht ein knapper, auf das Wesentliche formulierter Text, um das Angebot vorzustellen.

Inhaltlich sind diese beiden Werbelinien am Produkt orientiert. Text und Bild thematisieren jeweils ein Angebot der Sparkasse, wobei sich der Blickfang beziehungsweise der Aufmerksamkeitswert entweder durch eine witzige Bildidee oder durch die Gestaltung ergibt. Die verwendeten Motive spiegeln dabei gesellschaftliche und soziologische Entwicklungen wider: Emanzipation der Frau, ihr beruflicher Erfolg, Wohlstand und Luxus werden ebenso in die Werbung miteingebunden wie neue Angebote der Geldanlage.

1987 wurde das bis heute bestehende »Lebensphasenmodell« eingeführt. Die bis dahin bestehende Produktorientierung weicht nun einer problemorientierten Verkaufsstrategie. Der Adressat wird mit werblichen Mitteln visuell und verbal in seiner spezifischen Lebenssituation angesprochen, so daß er nicht nur eine Konkretisierung der ansonsten abstrakten Sparkassenprodukte erlebt, sondern ihm auch die Möglichkeit einer emotionalen Identifikation geboten wird.

Siehe Seite 180f.

Der typographische Aufbau der Plakate ist ein klares Raster. In der oberen Hälfte befindet sich das Bildmotiv, während der untere Teil entweder eine mehrzeilige Headline enthält oder durch einen zweispaltigen Text das Angebot thematisiert wird. Headline und Bild sind die visuellen Konstanten dieser Werbelinie, die natürlich auch bei Großplakaten, Anzeigen in Tageszeitungen oder Illustrierten Verwendung findet.

1977–1980

1977

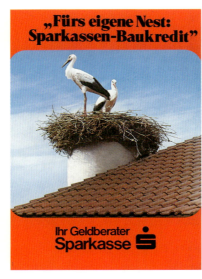

1978

1979

1980

1980

1981–1986

1982

1982

1983

1984

1985

1986

NÄHE IST BEI UNS KEIN ZUFALL, SONDERN ABSICHT

1987–1992

1987

1990

1991

1992

Das Großflächenplakat

1988

1988/89

Informationsplakate
des Sparkassen-Schul-Service

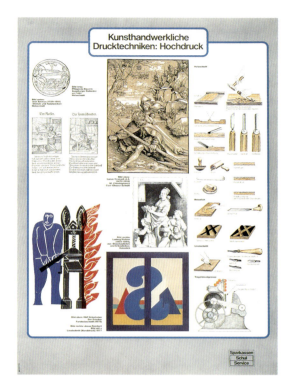

1982

1988

1991

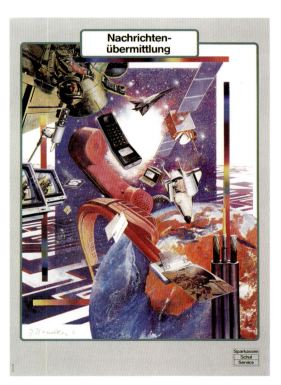

1992

Auswahl-bibliographie

Günter Ashauer:
Von der Ersparungscasse zur Sparkassen-Finanzgruppe. Stuttgart 1991.

Anschläge. 220 politische Plakate als Dokumente der deutschen Geschichte 1900–1980. *Ausgewählt und kommentiert von F. Arnold.* Ebenhausen bei München 1985.

John Barnicoat:
Das Poster. München/Wien/Zürich 1972.

Das frühe Plakat in Europa und den USA. Ein Bestandskatalog. *Herausgegeben von Lise-Lotte Möller/Heinz Spielmann u. a.* Bd. 1–3. Berlin 1973–1980.

Norbert-Christian Emmerich:
Die deutsche Sparkassenwerbung 1750–1981. Stuttgart 1981.

Hermann Glaser:
Kulturgeschichte der Bundesrepublik Deutschland. 3 Bde. München 1985–1989.

Werner Haftmann:
Die Malerei im 20. Jahrhundert. 2 Bde. 7. und 5. Aufl. München 1987.

Paul Maenz:
Die fünfziger Jahre. Formen eines Jahrzehnts. Köln 1984.

Josef Müller-Brockmann:
Geschichte der visuellen Kommunikation. Niederteufen 1986.

Helmut Rademacher:
Deutsche Plakate und ihre Meister. Leipzig 1965.

Herbert Schindler:
Monografie des Plakats: Entwicklung, Stil, Design. München 1972.

Michael Schirner:
Werbung ist Kunst. Berlin 1988.

The Modern Poster. Ausstellungskatalog Museum of Modern Art, New York. *Katalog von Stuart Wrede.* New York 1988.

Walter von Zur Westen:
Reklamekunst aus zwei Jahrtausenden. Berlin 1925.

Michael Weisser:
Deutsche Reklame. 100 Jahre Werbung 1870–1970. München 1985.

Hans Wichmann:
Warenplakate von der Jahrhundertwende bis heute. Ausstellungskatalog Neue Sammlung München. München 1981.

Register A – G

Die **halbfetten Ziffern** verweisen auf Abbildungen.

A Agenturen
– GGK 27
– Max Dalang 27
– Total Design 25
Aicher, Otl 36, 37, 156
Aicher-Scholl, Inge 36
Albers, Josef 31, 35
Aldridge, Alan 23
Arp, Hans 26
Arpke, Otto 40, 66, **67**

B Ballmer, Theo 26
Bass, Saul 32
Baudrexel, Eduard 71, **75,** 85, 89, **92**
Bauhaus 18, 20, 24, 26, 35, 36
Baum, N.+M. **55**
Baumann & Baumann 37
Baumberger, Otto 27
Baumeister, Willy 35
Baumgart, Isolde 36
Bausparen 99 f., 103, 109, 142, 172
Bayer, Herbert 31, 35
Beall, Lester 31
Beardsley, Aubrey 22
Beggarstaff Brothers, The 22
Behrens, Peter 10, 35
Beltran, Felix 30
Bernhard, Lucian 35
Bildkommunikation 9
Bill, Max 26, 36
Binder, Joseph 31
Birkhäuser, Peter 27
Blase, Karl Oskar 36
Böttger, Heinz W. 77, 96
Bohn, Hans 36
Boht, Hanne 71, **73**
Bollwage, Max **56**
Braque, Georges 21, 126
Brattinga, Pieter 25
Brodovich, Alexey 31
Brody, Neville 23
Brühwiler, Paul 28
Brun, Donald 27
Brusse, Wim 25
Buehl, Gert **130**
Bühler, Fritz 27
Burchartz, Max 27, 35
Burtin, Will 31

C Cage, John 31
California Graphics 33
Cappiello, Leonetto 21
Cardinaux, Emil 26
Carlu, Jean 21
Cassa di Risparmio delle Provincie Lombarde, Mailand 63
Cassandre, A. M. 21
Chagall, Marc 10, 21
Chéret, Jules 21
Chermayeff, Ivan 32, 43, **53**
Chwast, Seymour 32
Cieślewicz, Roman 30
Colin, Paul 21
Corporate Identity 11, 156
Cranbrook Academy of Art, Detroit 33
Crouwel, Wim 25

D Dadaismus 18 f.
Davis, Paul 32
Dawesplan 62
Dekonstruktivismus 20
Deni, Viktor 28
Derrida, Jacques 33
de Stijl 24
Deutsche Sparkassenzeitung 63
Deutscher Sparkassen- und Giroverband 62, 63, 103, 156
Deutscher Sparkassenverband 62
Deutscher Verband kommunaler Banken 62
Deutscher Zentral-Giroverband 62
Deutsches Plakat Museum, Essen 19
Dexel, Walter 35
Dietrich **143**
Dorfsman, Lou 32
Dörfel **82,** 84
Drescher, Arno 68, 81
Duffy Design Group, Minneapolis 33
Dumbar, Gert 25

E Eckersley, Tom 23
Edelmann, Heinz 37, 43, 44, 45, **52, 57, 58**
Eggers, Eberhard 96, **97**
Eggstein, Richard 130, **131, 147**
elementare Typographie 35
Elffers, Dick 25
Emigre 33
English, Michael 23
Erni, Hans 27
Excoffon, Roger 21
Expressionismus 10, 17, 34, 35

F Falk, Hans 27
Federico, Gene 32
Fella, Edward 33
Fischer-Nosbisch, Dorothea & Fritz 36
Fleckhaus, Willy 37
Folon, Jean Michel 22
François, André 21, 44, **59**
Frej, David 33
Freudenreich, Marek 30
Fukuda, Shigeo 34
Funk, Walter 68
Funktionalismus 26, 37

G Gaigg, Lois 40, 66, **67, 69, 72, 74, 75,** 76 f., **79,** 80, 84 f., **86, 87, 91,** 99, **100,** 156
Games, Abram 23
Gebhardt und Lorenz **166,** 169
Gebrauchsgraphiker 10
Geissbuhler, Steff 33
Geissbühler, K. Domenic 28
Gerstner, Karl 27
Giacometti, Augusto 26
Giraffe 64
Giro 64
Giroverkehr 63, 71, 72, 118 f., 154, 155
Glarner, Fritz 26
Glaser, Milton 32, 42, **47**
Goebbels, Joseph 65
Goffin, Josse 43, **53**
Goines, David L. 32
Golden, William 31
Grabert **147**
Graeser, Camille 26
Graphik-Designer 16
Grapus 22
Grasset, Eugène 21
Gredinger, Paul 27
Greiman, April 33
Grieshaber, HAP 42, 44, **46, 59**
Grindler, Frieder 37, **55**

Register H–Z

Die **halbfetten Ziffern** verweisen auf Abbildungen.

H Haggerty, Mick 33
Hara, Hiromu 34
Hassal, John 10
Havinden, Ashley 23
Hayawama, Yoshio 34
Heckel, Erich 35
Heckmann, Walter 43, **51**
Heimann, Jim 33
Henrion, F.H.K. 23
Herdeg, Walter 26
Hillmann, Hans 36, 42, 44, **52, 59**
Hinterreiter, Hans 26
Hitler, Adolf 80
Hoch, Hans Peter 37
Hochschule für Gestaltung, Ulm 24, 36
Hodler, Ferdinand 26
Hof, Iris vom **55**
Hofmann, Armin 27
Hohlwein, Ludwig 10, 35, 40, 81, **82**
Honegger, Gottfried 27
Hory, Allen 33
Huber, Max 26

I Igarashi, Tagenobu 35
Impressionismus 17
Inflation 62f., 101, 103
Internationaler Sparkassenkongreß 63
Ionny 94
Itten, Johannes 26
Ivert, Gérard 22

J Jones, Terry 23
Jugendstil 17, 20, 30, 32, 35, 76

K Kamekura, Yusaku 34
Karberg, Bruno **77**, 80, **90, 91**
Kawamura, Yosuke 35
Keller, Ernst 26
Keynes, John Maynard 141
Kieser, Günther 36, 37, 42, **49, 56**
Kiljan, Gerard 24
Kingerter, Egon 110f., **112**
Kirchner, Ernst Ludwig 35
Kirn **102**
Klucis, Gustav 28
Kokoschka, Oskar 35
Konstruktivismus 10, 17f., 20, 34
Kozlinski, Wladimir 28
Krajewski, Andrzej 30
Kubismus 22, 126
Künstlerplakat 16, 40
Kunz, Willy 33
Kutter, Markus 27

L Lämmle S+H 40, **143**
Leistikow, Hans 36
Lenica, Jan 30, 40, **41**, 42, 44, **46, 55, 59**
Leuger, J.B. 85
Leupin, Herbert 27, 43f., **54**
Leuppi, Leo 26
Licko, Suzanna 33
Lissitzki, El 28
Loesch, Uwe 37
Loewensberg, Verena 26
Lohrer, Hanns 40
Lohse, Richard P. 26, 27
Lortz, Helmut 36
Loupot, Charles 21
Lubalin, Herb 32
Luginbühl, Bernhard 27
Lustig, Alwin 31
Luther, Hans 64

M Mackintosh, Charles Rennie 22
Maffia, Daniel **56**
Magritte, René 10
Malewitsch, Kasimir 28
Mangold, Burkhard 26
Marggraff **119**
Marshallplan 101
Mathieu, George 21
Matisse, Henri 21
Matter, Herbert 26, 31
Matthies, Holger 37, **56**
Mavignier, Almir 37, 43, **54**
Max, Peter 32
McKnight Kauffer, Edward 22
Medienentwicklung 8
Menzel, Adolf 9
Metzger 89
Michel, Hans 36
Mlodozeniec, Jan 30
Moholy-Nagy, Laszlo 24, 31, 35
Moldenhauer, Hans 71, **75**, 76, 77, **78, 83**, 88, 99, **100**
Molzahn, Johannes 35
Mondrian, Piet 115
Moor, Dimitri 28
Morach, Otto 26
Morgenthauplan 101
Morison, Stanley 27
Morris, William 22
Moscoso, Victor 32
Mucha, Alphonse 21
Müller, Erika 37
Müller, Walter **139**
Müller-Brockmann, Josef 27

N Nagai, Kazumasa 34
Nagel, Patrick 33
Nakumara, Makoto 34
Nash, Paul 23
Nebel, Otto 26
Neue Gestaltung 18
neue Typographie 35
new wave 33
Nicholson, William 22
Nieuwenhuis, Cesar Domela 24
Nippon Design Center 34
novum 36

O Odermatt, Siegfried 27, 28
Odgers, Jayme 33
Ohchi, Hiroshi 34
Okamoto, Shigeo 34
Oliver, Vaughan 24
Op-art 34
Osterwalder, Hans-Ulrich 43, **48, 51, 55**
Ott + Stein 37

P Pacific Wave 33
Photographie 12, 16, 26, 28, 32, 76, 113 f.
Photomontage 20, 21, 37, 132, 138, 147
Piatti, Celestino 27
Picasso, Pablo 21, 126
Plakat im 20. Jahrhundert
– Deutschland 17, 18, 20, 35 ff.
– England 18, 20, 22 ff.
– Frankreich 18, 20, 21 ff.
– Holland 17, 18, 20, 24 ff.
– Japan 20, 33 ff.
– Kuba 30 f.
– Polen 17, 20, 29 ff.
– Schweiz 18, 20, 26 ff.
– Sowjetunion 17, 18, 20, 28 ff.
– Vereinigte Staaten von Amerika 18, 20, 31 ff.
Plakatbiennale 19, 30
Plakatgestalter 11, 13, 42
Plakatmuseum Warschau 30
Plakbrief 9
Pollock, Jackson 131
Pop-art 12, 19, 30, 32, 151, 154
Poster 18
Pryde, James 22

Q Quernec, Alain le 22

R Rand, Paul 32
Reichert, Josua 42, **46**
Reisekreditbrief 96, 99
Reklamefachmann 10
Ring neuer Werbegestalter 24
Rodtschenko, Alexander 28
Rot, Dieter 27
Roth, Richard 40, 107, **108,** 109, 123
Ruder, Emil 27
Rudolf **92,** 93, 106

S Sadowski, Wiktor 30
Sandberg, Willem 25
Sato, Koichi 35
Savignac, Raymond 21
Sawka, Jan 30
Scheidemann, Philipp 62
Scher, Paula 33
Schirner, Michael 13
Schleger, Hans 23
Schmidt, Joost 35
Schmidt, Wolfgang 36, 37
Schmidt-Rhen, Helmut 36
Schneider 96, **98**
Schönberg, Arnold 31
Schuitema, Paul 24
Schule für Gestaltung, Basel 28
Schulpig **156**
Schumacher, Emil 131
Schweizer Typographie 20, 32
Shan, Ben 31
Sharp, Martin 23
Skolos, Nancy 33
Soland, Gottfried 27
Sparkassenbuch 66, 68, 71 ff., 88, 94, 106, 115, 138, 142 f., 160, 162, 172
– Arbeitssparbuch 94
– Bauernsparbuch 87, 88
Sparkassen-S 11, 64, 66, 111, 120, 146 f., **156**
Spethmann 64, **67, 92**
Spohn, Jürgen **55**
Stankowski, Anton 27, 36, 40, 42, **46, 50, 56,** 114, **116, 117,** 120, 125
Stanzig, Otto **80**
Starowieyski, Franciszek 30
Steinmüller, P. **171**
Stenberg, Brüder 28
Stöcklin, Niklaus 26, 27
Studio
– 8vo 23
– Dumbar 25
– Form Vijf 25
– Hard Werken 25
– Hypgnosis 23
– Mafia 22
– Mendell & Oberer 37
– Pentagram 23
– Push-Pin 32
– Rambow, Lienemeyer, van de Sand 37
– Why not Associates 23
Südgraphik **139**
Surrealismus 30, 32, 34, 118
Sutherland, Graham 23
Sutnar, Ladislav 31
Swierzy, Waldemar 30
Szaybo, Roszlaw 30

T Taeuber-Arp, Sophie 26
Tanaka, Ikko 34
Tinguely, Jean 27
Tissi, Rosmarie 28
Tomaszewski, Henryk 30
Topor, Roland 22
Toulouse-Lautrec, Henri de 21
Trepkowski, Tadeusz 30
Treumann, Otto 25
Troxler, Niklaus 28
Tscherny, George 32
Tschichold, Jan 26, 35
Typophoto 24

U Ungerer, Tomi 44, **59**
Urbaniec, Maciej 30

V Vanderbyl, Michael 33
Vanderlans, Rudy 33
Versailler Vertrag 62
Vieira, Mary 27
visuelle Kommunikation 16 f., 26, 40
Vivarelli, Carlo 26
Vojska, Marjan 43, **51**
Vordemberge-Gildewart, Friedrich 24
Vortizismus 22

W Währungsreform 101, 103, 118
Wagner, Alexander **91, 105,** 107, **108, 136, 142**
Wagula, Hans **69,** 70, **71, 75,** 81, **91, 94, 97**
Warhol, Andy 151
Wasilewski, Mieczyslaw 30
Weltspartag 12, 40 f., 44, 63 f.
Weltwirtschaftskrise 62
Weingart, Wolfgang 27, **28**
Werbelinie 12, 147, 154, 175 ff.
Werbeplan 63, 77, 104
Werkman, Hendrik Nicolaas 24
Widmer, Jean 22
Wiertz, Jupp 40, **97,** 99, **100**
Wild, Ernst 42, **49**
Wilson, Wes 32
Witkowski, Slawomir 31
Wobst 77, **78**
Wolf, Henry 32

XY Yamashiro, Ryuichi 34
Yokoo, Tadanori 34
Youngplan 65

Z Zagorski, Stanislaw 30
Zaid, Barry 32
Zentraler Werbeausschuß 63
Zwart, Piet 24, 25